目　录

第一章 绪 论

第一节 研 究 背 景

文化是一个国家、一个民族的灵魂。文化自信是更基础、更广泛、更深厚的自信，是更基本、更深沉、更持久的力量。作为世界著名古都，北京有三千多年建城史、八百六十多年建都史，是中华文明源远流长的见证。新中国成立以来，文化中心一直是北京重要的首都功能。2014 年 2 月 26 日，习近平总书记考察北京工作时提出要努力把北京建设成为全国政治中心、文化中心、国际交往中心、科技创新中心"四个中心"的宏伟目标。2017 年 8 月 18 日，北京市委书记蔡奇在推进全国文化中心建设领导小组第一次会议上进一步强调要"建设中国特色社会主义先进文化之都"。

文化引领阅读，阅读滋养文化。全民阅读是增强文化自信的重要力量和途径。随着 1972 年联合国教科文组织发出"走向阅读社会"的号召，并于 1995 年将每年的 4 月 23 日定为"世界读书日"，许多国家都开展了全民阅读推广活动，组织广泛性的读书活动已成为各国文化生活中的一个普遍现象。从全民阅读的开展情况来看，我国与世界其他许多现代化国家秉持着相近的

理念，沿着相似的道路推进①。1997 年，我国中宣部、文化部等九部门共同组织实施了以"倡导全民读书，建设阅读社会"为宗旨的"知识工程"，十年之后的 2006 年，中宣部、中央文明办等十一个部门又发出了《关于开展全民阅读活动的倡议书》。自 2014 年以来"倡导全民阅读"已经连续八年被写进政府工作报告。经过二十多年的倡导和实践，"全民阅读"从一个新鲜的理念发展成为国民热词，从各级党委政府到出版界、图书馆界、新闻界等业界，再到各种社会力量，都开展了大量主题鲜明、形式多样的阅读推广工作。

在"书香中国·北京阅读季"活动中兴起了一股"抱团读书"风潮，出现了一批较有影响的民间阅读组织，如一起悦读俱乐部、同道学园、阅读邻居等，这些民间阅读组织尽管形式不一、规模不等，却以接地气的方式吸引着越来越多的民众参与，由其主导的社会化交互阅读行为正在成为推进全民阅读的重要形式，并影响及塑造了北京多元开放、和谐共生的阅读生态系统。民间阅读组织的勃兴，是近年来全民阅读推广中最引人注目的一个文化现象②。社会力量参与全民阅读，对丰富阅读资源、优化阅读供给、提高阅读推广效能、打通全民阅读服务体系的"最后一公里"具有重要意义。

第二节 研究对象

本书的研究对象是"民间阅读组织"。要解释"民间阅读组织"的定义，首先要明确"民间组织"的概念。在传统意义上，民间组织具有广义和狭义之分。李芳认为，广义的民间组织是指社会团体或个人以社会公益事业为宗旨发起的民间组织③，主要包括有两种：一种是由政府正式批准成立的社会组

---

① 聂震宁. 阅读的好时代和坏时代 [J]. 出版广角，2012（6）：37-39.

② 谯进华. 民间阅读组织的发展、困境与行动策略：以阅读组织与公共部门的关联度为中心 [J]. 公共图书馆，2014（2）：24-31.

③ 李芳. 直接登记制后我国民间公益组织的行政监管问题 [J]. 齐鲁学刊，2014（5）：97-102.

织；另一种就是没有经过正规审批的，即没有注册登记，而从性质上看也是为社会提供服务的民间社会组织。从注册登记的角度看，由于历史和制度等原因，现实社会中存在着很多民间组织，都没有经过政府管理部门合法登记，因此，民间组织存在着合法与不合法之分。从狭义的角度来看，民间组织也被人们称为具有"草根性"的组织，社会上的一些民间组织一般都可以被认为是"草根阶层"。

我们认为，广义的民间组织是指除党政机关、企事业单位以外的社会中介性组织，既包括登记注册的，也包括未登记注册的民间组织。狭义的民间组织指的是具有法律意义上的民间组织——社会组织，也就是经过政府部门正式批准或登记注册的社会组织，是对社会团体、民办非企业单位和基金会的总称。社会组织成立的法律依据是国务院颁布的三个条例即1998年10月25日发布施行的《社会团体登记管理条例》《民办非企业单位登记管理暂行条例》和2004年6月1日起施行的《基金会管理条例》。社会团体是由公民或企事业单位自愿组成，按照章程开展活动的社会组织；基金会是利用捐赠财产从事公益事业的社会组织，包括公募基金会和非公募基金会；民办非企业单位是由企业事业单位、社会团体和其他社会力量以及公民个人利用非国有资产举办的、从事社会服务活动的社会组织，可分为教育、卫生等十大类。社会组织具有独立性、志愿性、公益性、非政府性等基本特征。

民间组织与社会组织存在概念混用的情况，比如在许多官方表述和初中教科书中，民间组织是指由各级民政部门作为登记管理机关并纳入登记管理范围的社会团体、民办非企业单位和基金会三类社会组织[①]。2007年，我国官方开始正式用"社会组织"替代"民间组织"这一称谓。换句话说，受国家认可的"民间组织"在官方的正式称谓才是"社会组织"。2016年我国民

---

① 初中思想品德 ［M］. 北京：教育科学出版社，2015.

政部民间组织管理局正式更名为社会组织管理局，从"民间组织"到"社会组织"的改变，不仅仅是简单的名称更改，更是社会治理理念的转变。

目前，民间阅读组织还没有形成统一的概念。谯进华认为，从性质上来说，民间阅读组织是指在政府财政拨款之外由机关、企事业单位推动或市民自发成立的、以阅读为核心的社会组织和机构，包含了具有独立法人资格的阅读社会团体、阅读民办非企业和阅读基金会①。高小军认为，广义上来讲，民间阅读组织是非官方的，在民政部门注册登记的，人们基于共同的阅读爱好与价值判断而自发形成的一种多向交流以及互动的阅读组织形态，主要包括致力于推动阅读的民办非企业单位、民间阅读团体、民间公益基金会等；而从其构成和作用上来说，民间阅读组织包括积极推动阅读的非政府组织（NGO）、专业阅读推广人、民间读书会和沙龙、书评人、民间的基金会、志愿者等②。杨婧认为，民间阅读组织是指非政府组织成立的，在政府财政拨款之外的，以阅读为核心的社会机构或者组织③，它主要是由相关部门或企事业单位推动建立的，大都具有独立的法人资格，如读书会、阅读社会团体等，是我国推进全民阅读的重要社会力量。赵一琳认为，狭义上民间阅读组织，主要指民间读书会，即三个人及以上，以阅读为目的，通过阅读分享和讨论，由读者们自愿参加，自主发起共同阅读的民间组织。这些民间阅读组织既有公益性的阅读推广组织，也有一般商业企业运营机制的阅读组织，如北京的樊登读书会、悠贝亲子图书馆、第二书房等④。上述概念主要是从"社会组织"的层面定义"民间阅读组织"的内涵与外延。

赵俊玲认为，民间阅读组织是指一种民间阅读推广组织。当前，我国很

---

① 谯进华. 民间阅读组织的发展、困境与行动策略：以阅读组织与公共部门的关联度为中心 [J]. 公共图书馆，2014（2）：24-31.

② 高小军. 发挥民间阅读组织在阅读推广中的作用 [J]. 公共图书馆，2011（1）：67-70.

③ 杨婧. 公共图书馆与民间组织合作推广儿童阅读研究 [J]. 图书馆界，2015（1）：59-70.

④ 赵一琳. 全民阅读背景下民间阅读组织运营模式问题研究 [D]. 保定：河北大学，2017.

多读书会已经突破了成员互益的范畴，不限于成员之间的阅读分享，同时进行很多的阅读推广活动，向大众推荐阅读书目，举办阅读推广活动，具备公益性色彩。因为目前很多民间阅读组织兼具公益和互益的色彩①。就狭义的民间阅读组织——读书会来说，赵俊玲认为，"读"是指阅读行为，"书"是阅读对象，但并不局限于实体书，"会"指一群人聚在一起，从字面意思进行剖析，读书会即对阅读的读物进行分享和交流的团体。读书会，英文对应为 reading group、book group、book club、reading club 等。不同时期，读书会的中文名称也有不同，比如民国时期，很多读书会采用读书劝导会、读书互助团、读书竞进会的提法，现代社会则多以读书会、读书俱乐部等命名。总之，按照赵俊玲的观点，民间阅读组织包括自身开展阅读的组织和开展阅读推广的组织，民间阅读组织的概念应从组织的角度而不应从阅读活动的角度来理解。

民间阅读组织是一个比社会阅读组织应用更为广泛的称谓，这是因为许多阅读组织都没有经过正式的社会组织登记，多以非官方、草根的形式存在，其发展与未来都具有很大的不确定性。这些民间阅读组织以民间读书会最具代表性。2015 年 4 月，深圳阅读联合会和深圳读书月组委会曾邀请一起悦读俱乐部、同道学园、博畅阅读中心、影形人读书会等全国九家知名读书会负责人赴深圳，与当地八家读书会负责人开会商议，准备筹办全国性民间阅读组织深圳会议，成为后来深圳华文领读者大奖的源起之一。此次会议以"民间阅读组织"的称谓来取代"民间读书会"②。广义的民间阅读组织主要包括热心和积极推动阅读的非政府组织（NGO）、民间读书会和沙龙、民间基金会、志愿者团体等。狭义的民间阅读组织主要指民间读书会。

我国民间阅读组织主要呈现三个特点：一是从地区分布看，经济发展较

---

① 赵俊玲. 国内外读书会研究现状及展望［J］. 图书情报研究，2015（3）：15-21.

② 苏妮. 深圳首届民间阅读组织会议：让阅读成为生活方式［N］. 南方日报，2015-04-23（8）.

快的北京、深圳等一线城市的民间阅读组织数量明显多于二三线城市和小城市，而且组织质量较高，参与人群较多，活动更丰富。二是从活动形式看，讲座、交流会、研讨会、沙龙以及其他主题活动等是开展阅读或推广活动的主要形式。三是相比以政府及其职能部门为推广主体的官方阅读组织，民间阅读组织结构的灵活、形式多样、贴近社区、覆盖面广，更能发挥阅读个性，深入基层，贴近群众阅读生活，更具活力和生命力。

本书并不对民间阅读组织概念进行严格限定，主要是指以阅读交流和推广为主的民间团体。本书所研究的民间阅读组织主要指基于共同阅读爱好与价值判断而由民间发起、主导、运营所形成的一种交流式、互动式、推广式的阅读组织，既包括阅读组织，也包括阅读推广组织，既有实体形态也有网络形态，与政府部门等机构建立的带有强制性色彩的阅读组织有明显区别。本书是以北京民间读书会为主体对北京民间阅读组织展开的研究。

第三节　研究意义

近年来，各类民间阅读组织发展较快、力量不断壮大，未来发展前景较好。随着移动互联技术、移动终端以及多媒体技术条件逐步走向成熟，人们对于移动平台的认知度、需求度以及依赖度不断提升。移动化成为一种发展趋势，渗透于人们的衣食住行，改变了人们的消费模式，同时也改变了人们获取资讯的方式及阅读习惯，打破了民间阅读组织以往在时间和空间上的限制，将读者聚集于同一个网络平台上，大大降低了民间阅读组织的成本，提高了效率，使民间阅读组织的发展更具灵活性、便利性。正因如此，阅读与社交融合，阅读的社会性更加凸显且易于实现。而自媒体的出现更是改变了民间阅读组织的组织形态和运营模式。近年来学术界对民间阅读组织的关注度不断提高，但研究成果相对匮乏，因此对民间阅读组织的研究确有必要。

本研究为北京民间阅读组织的可持续发展提供了一些方案和数据的支持，有利于构建良好的社会阅读环境，推进全民阅读发展，希冀让更多人走进阅读、享受阅读。总之，本研究在理论和实践方面都具有重要意义。

一、理论价值

（一）完善社会力量参与机制的研究

北京兴起的民间阅读组织是社会力量参与公共文化服务体系建设的一项创举，对社会力量参与民间阅读组织的形式、成效等问题的研究，以此为"政府主导、社会参与"的公共文化服务体系建设提供例证。

（二）拓展区域全民阅读领域的研究

以往对全民阅读的研究主要集中在读者的阅读兴趣和习惯、阅读推广方式和策略方面的研究，鲜有对社会性交互阅读行为的研究。随着社会化媒体的广泛应用，交互阅读行为日益普遍，本书通过对民间阅读组织的运营、功能、影响因素等进行研究，有利于拓展全民阅读研究的深度。

（三）丰富区域民间组织方面的研究

近年来学界对各类民间性社会组织的研究逐渐增加，除对民间组织一般性问题的研究外，也有对民间文娱团体、武术团体等特定类型民间组织进行的研究，但鲜有对民间阅读组织的研究。本书为社会学、公共管理学等学界介入民间组织研究提供了一定支持。

二、实践价值

北京民间阅读组织近年来发展迅速，已成为重要的全民阅读推动力量。尽管这类阅读组织是民间自发的阅读团体，但并不意味着政府和相关部门就可任其自生自灭，而是需要对其进行扶持和引导。目前民间阅读组织的发展面临场地困难、活跃度低等问题，本研究可为民间阅读组织的发展提供现实指导。

第四节 研究现状

通过对国内外相关文献的调研和分析发现，国外和国内台湾地区对民间阅读组织特别是对民间读书会的研究比较成熟，而大陆地区对民间阅读组织的研究相对薄弱，尚未全面展开。

一、国外关于民间阅读组织的相关研究

根据对 Web of Science 等相关数据的检索，发现国外的研究主要集中在对民间阅读组织的主体——读书会的研究上，最早对读书会进行研究的论文发表于二十世纪五十年代初期，各个学科领域从各自角度对读书会进行了分析研究。

（一）关于女性和读书会方面的研究

在西方，读书会的最初形态是女性文学沙龙，女性在读书会初期发展中起着重要作用。对读书会中的女性研究最有影响力的是伊丽莎白·隆（Elizabeth Long）。她对众多不同类型的读书会的成员通过长期参与式观察研究后发现：实现自身社会价值是女性参加读书会的重要途径，女性参加读书会不仅是一月聚会一次的理由，而且成为女性构建自我、实现个人成长和启蒙的渠道[1]。伊丽莎白·隆的研究开启了对女性读书会的研究热潮，并且从研究方法上对后续研究有重大影响。此后，美国学者从语言学、社会心理学、教育学等角度展开对读书会的研究。随着网络技术的发展，一些学者开始关注网络读书会[2]，特别是对面向青少年的网络读书会进行研究[3]。

---

[1] LONG E. Book clubs：women and the uses of reading in every-day life ［M］. Chicago：University Of Chicago Press，2003：7.

[2] SCHARBER C. Online book clubs：bridges between old and new literacy and practices ［J］. Journal of Adolecent and Adult Literacy，2009（2）：433-437.

[3] CASSANDRA M. Online book clubs for preteens and teens ［J］. Library Review，2009（3）：176-195.

（二）关于民间读书会运营和管理方面的研究

1998 年雅各布松（Jacob-sohn）的《读书会手册》提供了包括读书会成员的选择、讨论技巧、建议书单、团体动力等多个方面的指导①。1999 年皮尔曼兹（Pearlmanz）在出版的《阅读什么：面向读书会成员和其他图书爱好者的指南》（*What to Read：the Essential Guide for Reading Group Members and Other Book Lovers*）一书中，列出涵盖科幻小说、战争、运动等众多主题的书目②。2002 年由尤斯伯恩出版社出版的《读书会指南》一书，内容涵盖如何在某地查找和加入一个读书会、运营读书会以及选择图书等可操作性强的指导意见③。斯勒扎克（Slezak）在其读书会的指导书中提到了包括有 76 年历史读书会、黑人读书会、诗歌读书会等 25 个读书会④，供读书会参考。

（三）关于图书馆与民间读书会关系的研究

沃尔文（Walwyn）等人在 2011 年对英国公共图书馆组织的三个阅读疗法读书会的成员进行访谈，探讨读书会的价值，认为参加读书会有多项好处，包括充分的自我认识、更好地融入社会等⑤。英国阅读社进行的一项研究采用了访谈、问卷等多种方法，其主要目的是建立一个帮助图书馆发展所在地区读书会的国家级框架⑥，支持读书会的发展，从而确保全国各地的读者都能参加读书会，进而获得更好更广泛的阅读体验，让公共图书馆充分认识到读书

---

① JACOBSOHN R. The reading group handbook［M］. New York：Hyperion Books，1998：10.

② PEARLMAN M. What to read：The essential guide for reading group members and other book lovers（revised edition）［M］. London：Perennial，1999：3.

③ OSBORNE S. Bloomsbury essential guide to reading group［M］. Lodon：Bloomsbury Publishing PLC，2002：7.

④ SLEZAK E. The book Group book：A thoughtful guide to form-ing and enjoying a stimulating book discussion group［M］. Chicago：Reviews Press，2000：11.

⑤ WALWYN O，ROWLEY J. The value of therapeutic reading groups oaganized by publibraries［J］. Library & Information Science Research，2011（4）：302-312.

⑥ A national public library development program for Reading groups［EB/OL］. ［2019-07-21］. http//readingagency. org. uk/about/Programme_ for_ reading_ groups. pdf.

会在读者发展、构建合作伙伴、社会包容等方面的诸多价值。

（四） 关于区域性民间阅读组织的研究

哈特利（Hartley）2001 年对英国 350 个民间阅读组织进行研究，分析了其人员构成特点、内部运作、阅读读物等方面的内容①，对读书会的发展现状进行描述，为了解和把握读书会这一文化现象提供了基础。类似的研究还有对澳大利亚民间阅读组织的研究、对女性阅读组织的研究、对虚拟阅读组织的研究等。

上述研究成果对本研究均有一定的启发意义。

二、国内关于民间阅读组织的研究

（一） 关于民间阅读组织的相关研究

本书以 CNKI 为数据来源，检索关键词"民间阅读组织"，时间截至 2021年 2 月 12 日，共检索到相关文献 16 篇，其中包括：期刊论文 13 篇，学位论文 3 篇，研究文献数量并不多。就研究文献内容而言可分为三类：

1. 对民间阅读组织在阅读推广中的作用研究

高小军认为国内外民间阅读组织的发展对于全民阅读工作具有推动和提升作用，并以公共图书馆推动本地民间阅读组织发展的经验与做法为例，阐明公共图书馆应如何发挥民间阅读组织在全民阅读推广中的作用②。沈翠婷以广州图书馆为例，研究了民间阅读组织参与公共图书馆阅读推广的实践状况，以期对公共图书馆联合民间阅读组织推动全民阅读提供一个参考的路径③。石恢对民间阅读组织与书香城市建设的相互关系进行了研究，认为阅读是城市

① HARTLEY J. The reading groups book ［M］. Oxford：Oxford U-niversity Press，2001：5.

② 高小军. 发挥民间阅读组织在公共图书馆阅读推广中的作用 ［J］. 图书馆界，2011 （2）：28-34.

③ 沈翠婷. 民间阅读组织参与公共图书馆阅读推广实践：以广州图书馆为例 ［J］. 河北科技图苑，2019 （4）：32-38.

文明的一个重要指标。书香城市的建设，需要全社会的参与。如何让社会力量更好地参与全民阅读，民间阅读组织如何更大地发挥自身的作用，这既需要民间机构的自发行动，也需要政府的有效引领①。

2. 梳理民间阅读组织的发展情况

谯进华对民间阅读组织的发展阶段进行划分，以深圳市新闻出版局 2013 年开展的民间阅读组织调查所获得的数据和案例为基础，通过对民间阅读组织现状的分析，总结了目前制约民间阅读组织发展的因素，针对不同类型的民间阅读组织提出了不同的发展策略②。杨婧介绍了我国港台地区与内地城市公共图书馆和民间组织合作的模式，通过对合作主体、合作形式等多个角度的分析，归纳了双方合作的特点③。韩丽以 2006—2015 年间出台的有关民间阅读组织发展的政策为研究对象，通过社会网络分析法、共词分析法，对民间阅读组织发展政策的主体、政策领域进行了梳理总结，为今后民间阅读组织发展政策的制定提供了参考和借鉴④。董丽娟等对我国民间阅读组织的生存与发展问题进行了研究并认为：民间阅读组织的出现为全民阅读注入了新的活力，儿童阅读和成人阅读是民间阅读组织的两大发展主题；民间阅读组织在发展中面临身份不明、人员非专业化、资金短缺、场地不固定等困境；民间阅读组织应争取从阅读立法、阅读管理机构和阅读平台的设立等方面得到政府支持，加强与政府及公共组织、同行以及企业的联系，同时建立商业化、产业化的发展模式和专业化运作机制，完善自身发展模式⑤。陈伟华以东莞图

---

① 石恢. 民间阅读组织与书香城市建设［J］. 科技与出版, 2019（8）: 34-39.

② 谯进华. 民间阅读组织的发展、困境与行动策略：以阅读组织与公共部门的关联度为中心［J］. 公共图书馆, 2014（2）: 24-31.

③ 杨婧. 公共图书馆与民间公益儿童阅读组织合作模式探析［J］. 图书馆工作与研究, 2015（4）: 99-101.

④ 韩丽. 民间阅读组织相关政策文本研究［D］. 保定：河北大学, 2016.

⑤ 董丽娟, 崔凌洁, 花友萍. 我国民间阅读组织的生存与发展研究［J］. 图书馆理论与实践, 2017（1）: 91-95.

书馆读书会为例，立足公共图书馆的资源优势，探索图书馆推进民间阅读组织开展活动的有效机制以及运作模式，以利于民间阅读组织的良性发展①。陈书梅对新媒介环境下的民间阅读组织阅读推广策略进行了研究，认为新媒介快速发展影响改造着人们的阅读行为，具体表现为阅读载体多元化、阅读娱乐性增强、阅读更加强调个性化和互动性，并指出未来民间阅读组织需要将关注点放在推进阅读推广形式创新、注重阅读推广的均等性、注重青少年数字阅读的发展上②。

3. 针对特定群体民间阅读组织的研究

周田田开展了面向儿童的民间公益阅读推广组织的研究③。吴育冰等对我国专门面向儿童开展阅读推广的 24 个民间组织，从这些民间组织的官网有无设置志愿者专栏、志愿者工作计划、志愿者招募和甄选、志愿者培训、志愿者评估、志愿者激励及推广效果七个方面，调查和分析了这些民间阅读组织的志愿者现状以及存在的问题。吴育冰认为，制度化的组织制度、目标化的工作计划、需求化的志愿者的招募与甄选、系统化的志愿者培训体系、指标化的评估环节和层级化的志愿者激励机制，将是我国儿童阅读推广民间组织志愿者管理的借鉴策略④。

（二）关于民间读书会的相关研究

鉴于民间读书会是民间阅读组织的主体，本书以 CNKI 为数据来源，检索关键词"读书会"，时间截至 2021 年 2 月 12 日，共检索到 299 篇文献，其中包括：期刊文献 268 篇，学位论文 14 篇，会议文献 6 篇，报纸文章 11 篇。就

① 陈伟华 . 公共图书馆促进民间阅读组织发展的研究与思考 ［J］. 四川图书馆学报，2017（4）：74-77.

② 陈书梅，陈刚，张联民 . 新媒介环境下民间阅读组织阅读推广策略研究 ［J］. 江苏科技信，2019（17）：22-24.

③ 周田田 . 面向儿童的民间公益阅读推广组织研究 ［D］. 保定：河北大学，2013.

④ 吴育冰，彭燕虹，李雪 . 我国儿童阅读推广民间组织的志愿者管理研究 ［J］. 图书与情报，2018（3）：121-127.

文献研究内容而言可分为以下几个方面：

1. 对于国外和我国港台地区民间读书会的研究

以 CNKI 为数据来源，时间截至 2021 年 2 月 12 日，从检索关键词"读书会"或"民间阅读组织"的结果中发现，有 20 篇文献以欧美、加拿大、日本、中国台湾、中国香港等国家或地区的大学图书馆或公共图书馆读书会为调查对象，探讨各地读书会发展经验及对国内读书会的借鉴。比如：周田田认为美国读书会经历了女性读书会、经典阅读会、多元化阅读会等发展时期，分析了女性在美国读书会发展史上的重要地位；她同时指出，电视、网络和社交媒体是美国阅读推广的重要模式，公共图书馆在读书会发展的各个方面都发挥着不可忽视的重要作用，政府的支持为读书会的顺利开展奠定了坚实的基础、促进了读书会的发展[1]。鄂丽君分析了 13 所美国大学图书馆开展读书会的活动过程，并总结了我国大学图书馆开展读书会可借鉴的经验[2]；黄晓燕分析了美国公共图书馆读书会对少儿阅读产生的影响[3]；秦鸥研究了瑞典、英国、美国读书会发展的战略规划和组织运营模式，并提出对国内读书会发展的启示[4]；王达总结了德国促进阅读基金会的推广阅读实践[5]；周立黎分析了如何借鉴国外和我国港台地区的经验，建立和运营大陆地区图书馆读书会的问题[6]；陈雨杏对加拿大埃德蒙顿、多伦多公共图书馆的读书会项目进行了深入调查与分析，总结了两大公共图书馆在推进读书会中的经验[7]；陈化北开

① 周田田. 美国读书会发展历史探究图书情报研究 [J]. 图书情报研究，2015 (3)：27-31.

② 鄂丽君. 美国大学图书馆读书会考察分析 [J]. 图书馆建设，2016 (1)：67-75.

③ 黄晓燕. 美国公共图书馆读书会对少儿阅读的影响 [J]. 图书馆学研究，2010 (8)：83-88.

④ 秦鸿. 欧美图书馆读书会经验及其借鉴 [J]. 图书情报工作，2013 (12)：88-92.

⑤ 王达. 德国促进阅读基金会的推广阅读实践 [J]. 山东图书馆学刊，2014 (4)：53-56.

⑥ 周立黎. 借鉴国外和我国港台地区经验建立和运营图书馆读书会 [J]. 图书馆论坛，2010 (5)：125-127.

⑦ 陈雨杏. 加拿大多伦多公共图书馆读书会的调查与分析 [J]. 图书馆学研究，2015 (12)：86-92.

展了对卞崇道与日本哲学思想读书会的研究，通过对读书会的性质、宗旨、基本精神与组织形式的分析，论证了读书会经久不衰的生命力①；廖宇莹对台湾地区公共图书馆读书会进行了调查研究②；曹桂平分析了台湾地区读书会盛行的原因以及对大陆地区民间读书会的启示③；梁志敏对国内外亲子读书会机构进行了对比分析④；阮健英对我国粤、港、台三地的公共图书馆读书会进行了比较研究⑤；王晓燕对香港公共图书馆读书会的运营策略进行了研究，并认为香港读书会在提高馆藏资源利用率、丰富阅读推广服务手段、提供阅读分享平台以及建立书香社会等方面发挥了重要的作用，香港公共图书馆读书会在服务质量的控制、服务手段的设计、优惠政策的制定以及活动宣传等方面取得了较大的成效，值得内地公共图书馆学习⑥；侯君洁通过文献分析、网站访问、邮件询问等研究方法，梳理了香港地区儿童与青少年读书会、高校读书会、民间读书会等各种读书会的发展情况，认为大陆地区读书会可从由官方机构主导儿童与青少年读书会的发展、注重读书会"阅读带领人"团队的培养、读书会的内容与形式需要精耕细作、读书会的发展要整合各种资源四个方面加以借鉴⑦。

2. 对我国高校读书会的研究

这些研究主要是对读书会的发展现状进行了调查，比如吴惠茹介绍了某高校读书会的运作情况，认为读书会对高校阅读推广有积极深远的影响，指

---

① 陈化北. 卞崇道与日本哲学思想读书会 [J]. 日本问题研究, 2013 (3)：15-20.
② 廖宇莹. 台湾地区公共图书馆读书会调查分析及启示 [J]. 图书馆研究与工作, 2019 (3)：55-59.
③ 曹桂平. 台湾地区读书会面面观 [J]. 图书馆学研究, 2009 (10)：67-70.
④ 梁志敏. 图书馆亲子阅读服务刍议 [J]. 图书馆学刊, 2013 (10)：67-69.
⑤ 阮健英. 我国粤、港、台三地公共图书馆读书会的比较研究 [J]. 图书馆学研究, 2015 (20)：69-74.
⑥ 王晓燕. 香港公共图书馆读书会运营策略及启示 [J]. 图书馆界, 2017 (2)：24-26.
⑦ 侯君洁. 香港地区读书会的发展及其启示 [J]. 大学图书馆学报, 2015 (6)：66-71.

出高校图书馆目前在读书会的实践活动不够充分，提出了高校图书馆在读书会发展和普及中发挥引领作用的具体对策[①]；万春珍等学者也开始关注从阅读推广的视角探讨读书会对学生个人成长的影响及推广策略[②]。

3. 对于民间读书会理论、政策和类型方面的研究

赵俊玲介绍了读书会的由来、含义，从理论和现实两个层面探讨图书馆界研究读书会的意义，提出今后应该加强对读书会的本质及发展源流、读书会现状及其运作、读书会的社会功能及影响因素和读书会发展的引导扶助模式等问题的研究[③]。范如霞梳理了当代中国民间读书会的三种形式：开放式、半开放式和封闭式，并指出目前读书会运行存在的主要困境，其认为民间读书会的运作与发展需要政府和社会给予更多的关注[④]。

4. 国内区域民间读书会的研究

这些研究主要是对国内各地区民间读书会的情况介绍，其中阮健英对珠三角地区民间读书会的发展现状、社会作用及发展策略进行了研究[⑤]。向剑勤从宏观与微观两个层面对浙江省读书会的发展现状进行调查，并有针对性地提出了具体的发展对策[⑥]。由于专门针对北京地区民间阅读组织的学术研究还不多见，对于北京读书会的研究主要散见于报端和新闻媒体。除此之外，同道学园等北京民间阅读组织从自身角度也开始呼吁全社会共同关注和支持民间阅读组织的生存和发展，同道学园等组织多次召开民间读书会发展大会，对民间读书会的发展现状进行了梳理。

---

① 吴惠茹. 阅读推广视角下的高校图书馆读书会实践研究［J］. 图书与情报，2014（6）：76-81.
② 万春珍. 国内高校读书会发展策略研究［J］. 新世纪图书馆，2016（7）：72-74.
③ 赵俊玲. 国内外读书会研究现状及展望［J］. 图书情报研究，2015（3）：15-21.
④ 范如霞. 中国民间读书会的运作［C］//中国图书馆学会. 中国图书馆学会年会论文集. 北京：国家图书馆出版社，2014：313-318.
⑤ 阮健英. 珠三角地区民间读书会现状与发展策略探讨［J］. 图书馆理论与实践，2016（3）：75-79.
⑥ 向剑勤. 浙江省读书会发展现状调查研究［J］. 图书馆研究，2017（2）：11-16.

第五节　研究框架

本书结合传播学、社会学、图书情报学、教育学、公共管理学等多个学科，站在客观实践的立场上，梳理民间阅读组织的历史和现状，探讨民间阅读组织的功能、影响因素和对其引导扶持的路径。

第一章绪论，主要介绍本研究的背景、意义，明确研究对象，界定基本概念，梳理研究现状，明确框架结构和研究方法。

第二章现代读书会的起源，主要介绍瑞典学习圈的情况。瑞典学习圈建立在深厚的民主传统和稳定的国内经济发展基础上，具有深刻的、特殊的社会历史背景和条件；自第一个学习圈建立至今，大体上经历了初创阶段、初步发展阶段、快速发展阶段、规范发展阶段、支持缩减阶段、虚拟形式发展阶段、新发展阶段七个阶段；草根性、自发性、非功利性、互动性是学习圈的本质属性；学习圈对提高瑞典民众的民主意识和全面素质产生了重大作用，对我国读书会的发展具有重要启示。

第三章国外和我国台湾地区民间阅读组织面面观，主要以四个国家和一个地区的民间阅读组织为代表，重点介绍了发展较为成熟的美国读书会、德国促进阅读基金会、英国阅读社和读写素养信托组织、日本儿童玩偶读书会、台湾地区的民间读书会的经验，以此了解民间阅读组织在全球发展的概况，为北京民间阅读组织的发展提供借鉴。

第四章民国时期北京民间阅读组织掠影，主要选取毛泽东《读书会的商榷》、作为思想传播途径的读书会、利用读书会壮大党的组织、革命前辈的读书会回忆、鲜为人知的鏖尔读书会等几个侧面，梳理革命年代北京民间阅读组织的发展历程。

第五章北京民间阅读组织的群体性现状考察，主要依靠搜索引擎、豆瓣网站和 QQ 群的相关数据，分析民间阅读组织的兴起背景、地区分布、类型、创建人（组织）、参与人群等方面的情况。

第六章北京民间阅读组织的类型分析，按照不同分类标准，梳理总结常见民间阅读组织类型。选取每个类型的典型案例进行解析，通过多个特殊案例总结和验证其总体特点，既增强了课题研究的可信度，也能通过具体案例分析民间阅读组织的不同类型特征。

第七章北京民间阅读组织的运营模式，主要是按照分类的不同，从线下商业性民间阅读组织、线下公益性民间阅读组织以及线上社会性民间阅读组织三个角度，用实例展现不同类型民间阅读组织的运营特点，总结民间阅读组织的日常运营状况和发展趋势。

第八章品牌化阅读推广分析，主要介绍"书香中国·北京阅读季"的品牌化建设形成了可复制的城市阅读推广模式，具有强烈的品牌意识、鲜明的形象设计、清晰的定位和活动方案，以及完善的推广平台和全方位的传播体系，为民间阅读组织的发展及全民阅读推广提供了经验和范本。

第九章北京民间阅读组织的多重功能，主要从功能、作用对象等维度探讨北京民间阅读组织发挥的功能和作用。其功能和作用包括丰富城市发展内涵、推动全民阅读开展、搭建社区交往平台等八个方面。

第十章影响北京民间阅读组织发展的因素，主要通过考察和访谈，采用扎根理论方法获得影响因素概念模型，并将其转化成可测量的指标。根据调查问卷和其他方法去获得相应定量数据，并对功能特征和因素特征进行分析，探寻影响民间阅读组织发挥作用的关键性因素。

第十一章北京民间阅读组织的发展路径，主要在掌握关键影响因素的基础上，结合国外、我国港台地区民间阅读组织发展经验和北京民间阅读组织的发展现状以及特点，从读者参与需求培育、阅读组织自身建设以及资源整合、激励评估等多个层面考察对民间阅读组织进行管理、支持、监督和构建

的针对性引导扶持机制。选择发展基础良好和薄弱两种不同类型的民间阅读组织进行验证。

第十二章新型公共阅读空间的 PPP 模式，主要使用文献、网络和实地等调研方法，梳理国内外的 PPP 理论和实践，以江阴市"三味书咖"阅读联盟和北京市西城区特色阅读空间 PPP 模式为样本，分析该模式的建设运行、创新亮点和不足，有针对性地提出今后新型公共阅读空间 PPP 模式发展的对策和建议，建设好民间阅读组织的"根据地"。

第十三章研究结论与展望，主要总结本书的研究发现和贡献，分析自身的不足，展望民间阅读组织发展的前景。

第六节　研　究　方　法

目前国内对民间阅读组织的研究主要采用案例分析的方法，本书综合运用以下五种研究方法进行研究。

一、民族志

选择具有代表性的北京民间阅读组织进行为期半年的参与式观察和田野调查。调研发现网络民间阅读组织主要通过加入豆瓣网申请成为会员的方式，进行参与式了解和调查；线下活动的民间阅读组织主要通过成为课题组成员实地观察，了解民间阅读组织成员对于阅读读物的分享行为以及阅读对个人生活产生的影响和带来的价值。

二、扎根理论

由于针对民间阅读组织的研究尚未系统开展，不适合先行设计研究假设，因此在功能影响因素部分拟采用扎根理论方法，对访谈和其他资料进行逐层比较分析，构建出影响因素概念框架，然后结合定量数据进行验证和分析。

三、案例分析

民间阅读组织属于草根性质的组织，在社会中广泛分布，并有大量案例可供研究。本书在掌握北京民间阅读组织概貌的基础上，选取典型案例进行分析梳理，归纳其主要特点、运营模式、多重功能和存在的问题，提出有针对性的引导扶持机制。

四、数据分析

北京民间阅读组织数量大、分布广，对每一个典型的民间阅读组织的分布、构成、人员、阅读状况等的分析，都需要建立在数据收集、分析和梳理的基础之上。本书广泛采取文献法、问卷法等收集数据，保证数据的准确性、结论的有效性。定性调查内容严格遵循文本解析与萃取的程序进行处理，定量数据采用各种数理统计法进行分析，力求规范和严谨。

五、比较分析

国外和我国台湾地区的民间阅读组织发展较早，运行较为成熟。推进北京民间阅读组织的发展，应借鉴西方和我国台湾地区先进的民间阅读组织的成功经验，形成本土化的运营模式。通过对瑞典、德国、英国、日本、我国台湾地区以及国内其他城市的民间阅读组织进行比较，为北京民间阅读组织的发展路径提供借鉴和参考。

第二章　现代读书会的起源：瑞典学习圈

　　瑞典成人教育系统由政府教育机构负责的"正规成人教育"和非政府组织负责的"非正规大众成人教育"两部分组成。"非正规大众成人教育"包含民众个人知识构建和个人修养的内容，强调民众之间彼此平等相待、相互影响、共同学习、以民主方式影响社会发展和进步的目的。"非正规大众成人教育"机构包括若干所民众高中和拥有上百家地方分支机构的瑞典国家学习协会，虽然这些机构都有国家财政的资助，但它们大多数隶属于非政府组织（NGO）。民众高中主要开设全日制课程，瑞典国家学习协会组织安排学习圈、举办各种不同的文化活动。就大范围而言，瑞典学习圈属于"非正规大众成人教育"范畴，是瑞典成人教育中最常见的一种学习形式，有各种不同的组织与形态。

　　瑞典公共图书馆 2017 年度报告显示，瑞典公共图书馆（含社区馆）学习圈的数量为 56 万个，年度开展阅读推广活动不低于 2 367 万场次，参与人口超过 280 万，约有 95% 的瑞典市民（18～75 岁）曾参加过公共图书馆读书会[①]。读书会不仅为瑞典市民搭建了交流空间，推广和深化了全民阅读，为瑞

---

　　① National Library of Sweden. Introduction to the reading club of Goteborg Library［EB/OL］.［2021-02-12］. http：//www.kb.se/english/services/deposits/.

典成人教育做出了较大贡献，而且成了瑞典人的一种生活方式。鉴于瑞典公共图书馆读书会的巨大社会影响，瑞典政府关于许多公共政策可行性的讨论也会在读书会中开展①。

第一节　兴起背景

现代读书会萌芽于 19 世纪末的美国，发展并繁荣于瑞典，在瑞典经过一百余年的发展，形成由政府支持而非政府组织运作的独特模式，对提升国民整体素质、促进经济社会发展有着重要作用②。美国成人教育学家马叟（Mathews）曾直言，在成人教育运动中瑞典确实领先美国一大步，其主要原因之一，是瑞典读书会的繁荣③。读书会的起源根据台湾林振春的研究，第一个可查考的文献的读书会是 1634 年由美国人安妮·哈金森（Anne Hutchinson）所组建的读书会，这也是后来美国以经典阅读为主的读书会的源头④。瑞典的读书会创始人奥斯卡·奥尔森（Uscar Olsson）于 1902 年汲取美国早期家庭读书会的理念，在瑞典成立了第一个读书会组织——学习圈。

目前，关于学习圈的含义尚无统一界定，瑞典官方成人教育公告认为，学习圈（Study Circle）又称读书会，是指由一群人定期聚会针对某一事先定好的主题，进行共同的、有计划的学习⑤。瑞典学习圈之父——奥尔森对学习圈的定义是："志同道合的朋友聚在一起讨论问题和学科知识的小圈子。"⑥

---

① 秦鸿. 欧美图书馆读书会经验及其借鉴［J］. 图书情报工作，2016（6）：12-18.

② 哈桑，霍姆伯格. 瑞典远程教育的发展与模式［J］. 高淑婷，译. 中国远程教育，2005（2）：52-55.

③ 陈柏年. 女性读书会领导人学习与成长经验之研究［D］. 台北：国立政治大学，2001.

④ 游淑静. 读书会召集人领导功能之研究［D］. 台北：政治大学，2002.

⑤ 邱天助. 什么是读书会［EB/OL］.［2021-02-12］. http://www.douban.com/group/topic/37426571/.

⑥ 郭嘉. 瑞典学习圈研究［D］. 开封：河南大学，2008.

瑞典学习圈能存续一百多年且长盛不衰，原因是其建立在深厚的民主传统和稳定的国内经济发展基础之上，并有其深刻、特殊的社会历史背景和条件。

第一，学习圈与瑞典深厚的民主传统密切相关。没有瑞典的民主传统，就没有瑞典学习圈的建立，而学习圈的建立又进一步推动了瑞典的社会民主进程。

文化人类学认为，一个民族的同质性越高，认同度就越高，社会运行风险就越小。瑞典人是北日耳曼人分支，一直拥有自己独立的语言、文字和文化传统。瑞典长期形成的团结、妥协和合作的民族特性，为瑞典各政党在诸如福利国家政策、阶级合作政策及对外政策上能够保持高度的一致提供了较好的社会条件，为瑞典学习圈的形成提供了良好的心理和社会机制。

1617 年，瑞典议会确立了"四等级"（即贵族、教士、市民、农民）制度，正式从法律上把农民阶级与其他社会特权阶级固化为平等地位。1809 年瑞典颁布欧洲历史上第一部成文宪法，废除了贵族特权，议会民主制度正式建立，瑞典社会各界在议会中的代表权比大多数欧洲国家更加广泛。在近代史上，瑞典资产阶级始终处于相对软弱的地位，他们的许多政治经济目标起初就通过与社会民主党的合作来表达和实现。瑞典资产阶级甚至在一定程度上接受了社会民主主义的理论，同时也和工会保持着一定联系，并且从一开始就和历史上的禁酒运动、合作运动、工人教育运动密切结合，这就使得瑞典出现了新的社会阶级组合，形成了延续至今的社会民主党与各保守党的力量均衡。

经过长期的民主发展，瑞典形成了一种传统：当许多人都有一些共同需求或兴趣时，他们就会成立一个组织，起草一个政策纲领，为此创办一个小小的期刊，举办一些集会来吸引更多人加入成为组织成员等，以至于有人将瑞典称为"一个组织性的民主国家"。瑞典的前首相乌罗夫·帕尔梅（Olof Palme）甚至将瑞典称作"一个由学习圈组成的民主国家（Sweden is to a great extend a Study Circle democracy）"。

第二，学习圈与社会变革对灵活新颖的知识学习形式的需求密不可分。作为目前世界上幸福指数最高的国家之一，瑞典一百年前曾是一个贫穷落后的国家，大多数人居住在乡村，人均受教育水平很低。19世纪90年代末，瑞典冶炼业和造纸业快速发展，电力工业后来居上，机器大生产被各生产部门广泛采用，其工业发展水平位居北欧前列，并初步完成了工业革命。伴随着科技成果在工业生产中的广泛应用，知识更新速度加快，瑞典社会发展突飞猛进，对劳动者的科学文化素质提出了更高要求。成为一个能力强大的公民，这是瑞典民众个体参与社会活动和提高个体利益的重要基础，因此社会成员需要终身学习去建立一个不断完善的知识体系。瑞典学习圈的建立，适应了工业革命对民众学习知识的要求。换言之，瑞典强大的工业化革命促进了其学习圈的形成和发展。

第三，平民运动和一系列民间组织的兴起对学习圈的发展起了重要的推动作用。

19世纪中后期，尽管瑞典工业生产突飞猛进，却没有真正使广大劳动人民的生活有所改善：大多数人居住在农村，生活闭塞落后，工作强度大，工资菲薄，加之受到英、美等国的影响，民众运动（popular movement）和工会、各种政治组织、禁酒社团以及其他一些民众组织纷纷兴起。由于当时瑞典人均受教育水平尤其是工人和农民的受教育水平很低，不利于平民运动的有效开展，工会、禁酒社团等其他民众组织深刻认识到，缺乏知识是平民运动的主要障碍。为了唤醒组织成员的民主意识，必须让其尽可能地提高文化素养，这就需要一种像学习圈这样便捷且有效的"教育工具"来培训平民运动的领导者和成员，并以此教育和鼓动广大民众。

第四，奥斯卡·奥尔森（Uscar Olsson）顺应时代提出学习课题，建立了适应瑞典国情的成人学习形式。瑞典学习圈的最早创立者为瑞典议员奥斯

卡·奥尔森，他被称为瑞典学习圈之父。奥斯卡·奥尔森深受美国教育家杜威和丹麦教育家格朗德维（Grundtvig）思想的影响，主张学习应该采取人人都能接受的、都能参与的、简单易行的形式。1893年，奥斯卡·奥尔森到美国考察，他发现美国的肖陶扩（Chautauqua）运动和科学主义学习圈（Scientific Circles）发起的学习圈运动，都是一种"人民的教育，人民进行的教育，为了人民的教育"，正符合他所信奉的"教育是天赋人权"的哲学理念。因此，奥斯卡·奥尔森回国后于1902年在瑞典北部的兰德大学（Lund University）创立了第一个学习圈，并在当时的报纸上报道了该学习圈的活动内容、方式等，引起了政府和民众的强烈反响。在他的大力倡导下，许多学习圈相继成立。在1902—1920年瑞典学习圈发展的第一个重要历史时期，奥斯卡·奥尔森发挥了巨大作用：他通过种种努力保障了学习圈的师资力量、组织安排以及经费来源，使其能够朝着正确的方向发展。可以说，奥斯卡·奥尔森不仅是这场强大的学习圈运动的创立者，更是学习圈运动的精神领袖。

第五，非正规成人教育等一系列法律的制定和实施保证了学习圈的发展。17世纪80年代，为使瑞典民众都能了解教义，遵守教规，瑞典教会颁发了一部旨在让全体国民都有读书识字能力的法律，与此相适应，全国各教区相继建立了考试登记制度，对国民的读书识字能力进行测试。上述法律关于扫盲教育的规定，大大促进了瑞典成人扫盲教育的形成和发展。此后，这种没有教材、教室等教学设施的非正规教育形式，在瑞典迅速扩展到平民教育领域。19世纪末当瑞典由一个贫穷落后的农业国一跃成为北欧的工业强国时，非正规成人教育形式更加受到人们的青睐，成为瑞典学校教育的重要补充形式。

在瑞典，任何形式的民众学习活动一经出现，瑞典议会就抓紧为其立法。从20世纪60年代开始，瑞典陆续颁布了《带薪教育休假法》（1974）、《学习援助法》（1975）、《瑞典教育法》（1985）、《与知识一起成长》法案（1990）、《普通成人教育法》（1997）、《成人学习和成人教育未来发展法》（2000）等法规，由此形成了一套内容丰富、相互衔接、便于操作的法律体系，有力地促进了瑞典学习圈的发展，加快了瑞典终身学习体系的构建。瑞典政府在法律上规定了成人学习的各种学习目标、经费资助、中央和地方各自的职责等内容，从而使瑞典学习圈的开展有法可依，保障了其活动的顺利开展。

第六，政府对学习圈的扶持使之迅速发展壮大。一百多年来，瑞典社会环境和执政党都在变，学习圈的具体政策也在变，但瑞典每一届政府对学习圈的支持态度始终未变。瑞典的政策取向始终坚持"充分就业""社会平等""完善福利"等合理内核，也因此得到了社会各界的支持①。政府的扶持始终控制在一个合理的尺度，坚持用较少的资金激励和推进学习圈的运作。由第三方来管理资金使学习圈实现了管、办、评的分离与制约，瑞典的政策也较好地发挥了教育功能。学员通过学习圈受益，认同了政府的惠民举措，也愿意关注民生议题，为社会发展、社区治理建言献策，并在学习圈中积极贡献自己的力量。可以说，没有瑞典政府的持续扶持，就没有瑞典长达百年的学习圈的发展。

第二节　发 展 历 程

自第一个学习圈建立至今，瑞典学习圈经历了以下七个主要发展阶段。

一、初创阶段

1912 年，瑞典政府决定通过资助学习圈所用的书籍来支持隶属于国家性组织机构的学习圈，此举促进了学习圈的发展。这种资助虽然很有限但是却很重要，因为图书从一开始就在学习圈中扮演着重要的角色。当一个学习圈

---

① 刘凤义．新自由主义、金融危机与资本主义模式的调整：美国模式、日本模式和瑞典模式的比较［J］．经济学家，2011（4）：94-99．

启动时，可以向总部申请资金来为其成员购买图书。当该学习圈结束时，他们要把使用过的书归还给本组织的地方分支机构，这些机构将书储存在专门的学习圈图书馆里。当另一个学习圈想要学习同样的主题内容时，他们可以从此图书馆里借读这些书，这是一种低投入的政府支持。这种支持促进了学习圈初期的发展。

二、初步发展阶段

20世纪20—30年代学习圈越来越受到民众的欢迎，对瑞典社会民主的发展起着越来越重要的作用，尤其是加快了农村社会民主的发展步伐。他们当时采用学习圈的形式，一方面学习农业知识，推广现代农业种植技术，另一方面也学习文学或能满足他们心智或艺术修养需求的一些学科，丰富了乡村文化生活。正是由于学习圈活动的开展，许多仅接受过几年学校正规教育的人们通过在学习圈的学习获得了关于社会、经济、管理的知识以及如何参与地方政府活动等基本理论，保证了他们有能力参与讨论地方行政事务的运作与管理。他们中的许多人后来成了议会议员、当地政府的代表或行政官员、贸易联盟的领导以及工会组织和政党的首领，许多人认为他们的政治生涯始于学习圈学习。

三、快速发展阶段

第二次世界大战后的1947年，瑞典出台了一部政府支持学习圈的新法律。这部法律规定：每个符合基本条件的学习圈都能够从政府那里直接获得财政资助，资助的经费要比以前高很多。政府出台此政策的背景是欧洲饱受战争之苦，瑞典政府不想让集权主义控制国民思想，学习圈的对话文化机制被看作是一种防止集权主义扩张的有效措施而被政府所重视，不断加大对学习圈在政治和财政上的资助。在此政策的激励下，学习圈的数量快速增长。

四、规范发展阶段

20 世纪 60—70 年代瑞典国家成人教育协会进入职业化阶段。在此之前的成人教育协会工作的组织管理都由志愿者来担当，成人教育协会的学习内容随机性大、质量参差不齐，而且工作人员没有多少报酬或仅有微薄的津贴。因此，工作人员更替频繁，不利于管理和学习圈工作的进一步开展。20 世纪 60~70 年代，成人教育协会有了人员选拔制度标准、固定的人员编制、正式的工资待遇和正规的工作时间以及工作日程，协会的工作开始变得井井有条，保证了学习圈活动的开展、监督和管理，这也标志着学习圈制度的成熟。

五、支持缩减阶段

一方面，由于 1947 年政府出台了支持学习圈的新法律，以及瑞典以收入均等化和社会平等为目标的福利制度的推行，每个学习圈的创办都能得到国家的财政支持，而越来越多的学习圈涌现出来，政府为此支付的资金越来越多，而这些投入大大超过了瑞典的经济增长率和财政承受力；另一方面，在 20 世纪 70 年代后期，瑞典经济增长速度明显下降，甚至出现了高通货膨胀、弱增长和低储蓄现象，经济下行压力增大。面对这种困难，20 世纪 80 年代初，瑞典政府缩减了对学习圈的财政支持，1991 年瑞典政府出台了一项新政策，进一步缩减了对学习圈的财政支出。瑞典政府在减少对学习圈活动补贴的同时，也放松了对学习圈的管理监督，将其移交给了非政府组织（NGO）——国家成人教育委员会。

六、虚拟形式发展阶段

1996 年，随着公共数字化、虚拟对话网络——瑞典大众成人教育网（www. folkbildning. net）的建立并对所有学习圈开放，在 IT 技术支持下的远程

教育得以快速发展。借助大众成人教育网，学习圈突破了参加者之间地理上的距离，建立了可以虚拟的学习"聚会场所"，不仅方便了那些彼此住得很远的学习圈成员，也为那些不能定期聚会参加学习的人们提供了学习机会。这种由学习圈和民众中学开发的 IT 远程教育所遵循的原则符合奥斯卡·奥尔森的初衷：所有参加者都要相聚在一起（既有远程聚会，又有面对面的聚会），互相学习。由于信息技术的发展，政府资助的缩减并未导致数量减少。

七、新发展阶段

据美国商业部统计，1989 年至 2000 年瑞典工业生产率提高了 59%，在西方国家中名列第一。随着瑞典政府财政状况的逐步改善，恢复了对学习圈的财政资金扶持。2006 年瑞典政府决定增加对成人教育协会和民众中学的财政支持力度，每年向他们划拨 30 亿瑞典克朗的经费，瑞典学习圈迎来了新的发展时期。

第三节　构 成 要 素

一个成熟的学习圈包括训练有素的领导者、富有启发性的材料，以及主动积极的参与者等要素，整个阅读学习过程体现出宽松的阅读计划、非正式学习的形式、集体的学习环境、参加者的真正兴趣以及没有评分或考试制度等特点。正如奥斯卡·奥尔森教授所言，一个学习圈不管看起来如何，学习何种科目，首先其所具备的素质就是有启发性、民主性，宽容地接受不同的观点，用理性思维引领参加者，这就是最好的学习圈模式。

一、学习圈的参加者

丹麦成人教育学教授艾瑞斯·努德（Knud Illeris）列举了三项成人学习

的重要特征："成人只学习他们想学的以及对他们有益的知识；成人在学习中会借鉴他们现有的学习资源；成人对他们的学习有更多的责任感。"

居民可以通过三种方式加入学习圈：一是通过个人所在的组织和学习协会注册学习圈，二是从学习圈在当地报纸或其他媒体所做的广告中找到相关的信息，三是联系一家学习协会，就如何与一群朋友、邻居或同事一起组织一个学习圈而向学习协会寻求帮助①。

学习圈成员的角色定位是平等的，不是老师或学生角色。成员之间通过对话和交谈互相学习，而不是依赖专家的讲授。参加者基于自己的学习愿望和需求以及组织学习圈机构的客观目标，对学习安排有充分的自主决定权。在学习圈的一次学习结束后，要重点讨论该学习圈下一次学习的计划。在这个过程中，要有充足的交流时间，以让参加者克服个人方面的胆怯退缩而无法发表观点。

一个学习圈一般由 5~12 人组成。因为人太少不利于由争辩产生更多的新思想、新主意，也不利于产生学习的趣味性；人太多则不利于圈内成员对彼此有更深的了解，不利于深层次的思想交流。学习圈的学习指南材料包括对参加者进一步的阅读、野外旅行、参观及采访专家等所给予的建议。

二、学习圈的领导者

瑞典学习圈注重发挥骨干力量的作用，建立了牵头人（Leader）机制，主要职责是发挥教师除了教学之外的召集、协调、学习互助等作用。骨干成员的形成原则上均由成员协商，从对开设的科目感兴趣、有帮助组织学习圈的热忱、在与他人的合作中获得过有益体验的人员中推举产生。根据亨利·布莱德的观点，领导者的主要功能有两个："保证学习圈每一阶段的学习都能得到每个成员的认可；在每次聚会中增进积极的社交气氛"。领导者最主要的

---

① ILLERIS. The three dimensions of learning: contemporary learning theory in the tension field between the cognitive, the emotional and the social [M]. Roskilde University Press, Denmark, 2002.

组织功能包括：拟定学习圈学习计划，汇总学习资料；做学习圈预算书；制作学习圈成员花名册；安排每次聚会的时间、地点；制作聚会日历；每次聚会前联系成员并确保届时无人缺席；安排学习资料的采购和分配；针对如何让成员在聚会活动中发挥主动积极性给出建议；对参加者如何使用学习资料给出正确有效的指导；合理安排学习圈聘请的专家等。

三、学习圈的活动安排

学习圈可供学习的科目有：行为科学和艺术、语言、数学和自然科学、美学、公民学、信息学等。相关统计显示：参加者加入学习圈学习美学科目，诸如艺术、音乐和戏剧等科目占学习圈活动的一半。在这些学科中，音乐是单科学科中最受欢迎的，其次是公民学，此外是行为学、语言、数学、自然科学和其他的科目。学习圈的领导者要在第一次会议（the first meeting）上提出学习的内容以及对学习资料和学习课程的建议，参加者可以讲述自己特定的兴趣或需求。同时，领导者还要在类似于课间休息的时间里安排咖啡时间（coffee time），通过成员间的聊天放松一下讨论时的紧张心情。

四、学习圈的读书方法

一是分享。通过开放、民主的对话分享他人的经验和知识，进一步提升自身素质。二是组成"圈"状学习小组进行讨论。成员们坐成一圈，面对面给予人人平等的讲话和讨论机会，激励大家集中注意力，体现出一种透明的民主式的组织管理方式，而不是教室和课堂式的学习。三是对话。形成一种会谈讨论式学习的文化，在此基础上的聚会和讨论是学习圈最具典型的特征。推崇对话式或会谈式学习法的代表人物——瑞典哥德堡大学教育心理学教授罗杰·塞利约（Roger Säljö）认为："从历史的观点来看，可以推断，面对面的会话、交谈是知识的摇篮。在会谈中，个人的感想和经验展示于众。它们能被转换成普遍的认识并成为集体记忆的一部分。在讨论中，个体结论和诠释的持久性在与其他人的经验交锋中被考证、考验。在会谈中存在着那么一些机制能够将知识和认识在社会中进一步转换提炼（近乎一种传染）。但是，会谈中同时还存在着另一种批评和反抗的惯性用来阻止那些还没能被别人首肯的东西公之于众（一种怀疑主义）。因此，一次对话或会谈是比简单地汇报一下经验更为复杂的过程；就是在这里——在与别的一些人的对话中——我们给自己的思想注入了新内容从而丰富了我们对世界的观点、看法。我们所经历的将作为我们自己的知识，事实上，在很大程度上，是从与别人的会谈中学来的。"① 四是倾听。成功对话的关键在于积极的倾听，作为一种主动参与的学习方式，参加学习圈有利于增加说话者的信心，缓解说话者的情绪。沟通学者邦恩（Diane Bone）所说的 DISC 倾听要诀包括：D（desire）代表渴望：渴望听到另类的声音，而非拒绝不同的观点；I（interest）代表兴趣：对别人所表达的内容表现高度的兴趣，即使是反驳自己的意见；S（self discipline）代表自律：处在倾听的情况时，控制自己的情绪，做个良好的倾听者；C（concentration）代表集中注意力：保持心智的集中，不受外力的干扰。同时还要掌握三种基本技巧：一是"在"的技巧（attention）——即"确定在场"，说话者知道我们在专心地听他说话；二是"跟"的技巧（following）——与说话者同步，说话者与倾听者之间的步调如果能保持协调一致，就容易进入轻松的沟通阶段；三是"应"的技巧（reflection）——听话者做出良好的回应，以理解的语言重复说话者所传达的意思或情感。

第四节　本 质 特 征

理论上，学习圈是基于杜威的教育思想、建构主义学习理论及近十几年

---

① 邱天助. 读书会专业手册［M］. 台北：张老师文化事业股份有限公司，2001.

来出现的"转换式学习"所倡导的"自由教育"的理念。奥斯卡·奥尔森认为：学习圈的目的并不是积累事实性的知识，而是培养和创造一种持续探索、质疑的精神和学习气氛①。共同学习过程中，学习圈对学习氛围的营造、对学习方法的运用都是在强化共同学习中所隐含的人际关系的平等、亲密与互动。奥斯卡·奥尔森的学习圈的基本观点有四个："学习应是不昂贵的，没人因为经济原因而放弃学习；学习方法应是简单的；每个人都能参与，不管其早期经验如何；参与者都是平等的，都有相同的机会来表达自我，对学习的规划都有自己的见解。"②

奥斯卡·奥尔森建立学习圈的理想是："每个人都应该自己教育自己。学习圈中的参加者在学习聚会期间都应该选择自己的阅读文献，自己做些准备，积极地与其他参与者一起交流他们的知识。学习圈也是一个民主的论坛，参加者自行决定学习的内容和方法。"③ 因此，参加瑞典学习圈学习的意义不仅在于知识的获得，更在于其是具有民主的风范、参与的能力和集体的行动。这主要包括：成员彼此学习，增进主体间学习的理念；提升对不同观点的容忍度和对差异的理解；寻找行动的共同点，建设共同愿景；增强个人对小区组织和建设的参与积极性和能力；集体学习进而形成集体行动，形成成员合力④。

学习圈遵从的教育哲学是：所有市民都是自由独立的个体，有权参与社会的各项活动，同时也对社会承担相应的责任。可见参加学习圈是主动和自愿的，参加学习圈的主要目的是增长知识、解决实际问题、重视日常生活中各种技能的培养。艺术研究是最为普遍的科目，国际事务也比较受欢迎，大约有1/3的学习圈研讨重心是政治社会问题。就学习时间而言，学习圈的活

---

① 珀尔森.学习圈：瑞典社会民主的土壤 [J].高淑婷，译.中国改革，2007（4）：76-77.
② 珀尔森.瑞典的"学习圈" [J].高淑婷，译.中国远程教育，2005（2）：52-55.
③ 珀尔森.瑞典的"学习圈" [J].高淑婷，译.中国远程教育，2005（2）：52-55.
④ 郭嘉.瑞典学习圈研究 [D].开封：河南大学，2008.

动既可以在晚上也可以在白天进行，视成员的具体情况而定。就学习地点而言，学习圈可以在成员的家里、聚会大厅、咖啡馆、酒店等开展。尤其是 20 世纪 90 年代中期以来，伴随着互联网技术支持的远程教育的发展，"网上学习圈"应运而生，学习圈也可以在虚拟世界中进行。上述理念和运行特点体现了瑞典学习圈的一些本质特征。

一、草根性

有些学习圈虽能获得政府资助，但都不是官方组织。学习圈无门槛，没有职业、学历、收入的要求，也没有年龄、性别、学习基础与学习条件的门槛，不需要缴纳高昂的学费，这也是其深受欢迎且能够迅速传播、发展壮大的重要原因。

二、自发性

学习圈的组建过程是一个民意集中的过程。对某一学科有共同需求的公民，志趣相同，协商一致就可以组建一个主题学习圈。学习圈的加入或退出完全自愿，没有刚性约束，由此保证了其成员在群体中的行为都可处于自主和自愿的状态之下。

三、非功利性

从学习圈的组织者和参与者角度看，参与学习圈的精神愉悦与志趣相投的归属感、生命成长与守望相助的友情是学习圈主要的价值取向，而经济利益与权力地位不是其价值取向。

四、具有互助性

美国学者卡兰德将瑞典学习圈的特性之一归结为：参与者因共同兴趣而

组合在一起；组织者具备较强的掌控能力承担激发讨论的角色；参与者地位平等，通过相互讨论与彼此帮助；其目的是理解和相互启发①。

第五节　面临的挑战

学习圈对瑞典社会的发展、社会民主进程的推进、国民素质的提高功不可没。瑞典政府 1998 年呈报给瑞典议会的提案中写道："今天大众成人教育的角色仍然是捍卫、激发和发展民主……民主的生存和活力必定建立在民主的文化基础之上。这种民主文化是以对话、讨论和参与作为重要的组成部分。民主的生存和活力还包括一些创建民主制度所需要的价值方面的知识、条件和一些机构。给予大众成人教育成长的机会——从本质上说就是加强民主文化、缩小社会中知识和信息的差距。大众成人教育在这一过程中起着关键的作用。它能够创建聚会的场所，以此来改变和填平不同人群之间的差距以及人类和技术之间的鸿沟。"

学习圈成员在学习知识的同时建立了对知识和文化的自信和自尊，使缺少基础教育的人能不断充实自己，为公民创造了参加社会文化活动的机会，也帮助那些因为疾病而被劳动力市场拒之门外的人们建立起社会关系网并助其获得社会技能。

在学习圈聚会中，成员提升的不仅是知识水平，交流的不仅是独特的经验和观点，更重要的是，他们的民主意识和民主实践能力也得到了提升。与强调技术的成人教育形式不同，学习圈将学习重点放在公民意识养成上②。学习圈让人们不分身份、职业、资历、学历，都可以平等地参与学习。每年在

---

① 周立黎．借鉴国外和我国港台地区经验建立和运营图书馆读书会［J］．图书馆论坛，2016（10）：86-91.

② 郭嘉．瑞典学习圈研究［D］．开封：河南大学，2008.

学习协会的组织下有上百万学习圈在瑞典各地开展，有力激发了瑞典人民强烈的公民意识。在瑞典学习圈担负着维护基本的民主价值观的重任。

尽管学习圈已成为瑞典人民生活重要的一部分，且发展态势良好，但同时也面临以下挑战，需要在实践中不断加以解决。

一、政府资助的减少增加了人们参加学习圈的成本

自 20 世纪 90 年代以来，政府对学习圈的资助呈下降趋势，导致许多小城镇的学习协会办事处不得不关闭，影响了人们参加学习圈可及性和便利性。与十年前相比，要走很远的路才能找到最近的一个学习圈站点。同时，随着学习圈开展活动的次数与日增多，加入学习圈的费用也不断增加。

二、学习圈欠缺保障成员均等对话和成员平等的机制

学习圈信奉"参与者都是平等的，都有相同的机会来表达自我"的学习理念，认为学习应该是平民化的和自主化的，学习成员都是平等的。但在许多学习圈里，在所宣称的民主目标以及如何有效实施学习之间还存在不一致，特别是当主持者是学习活动所讨论话题的专家时，成员均等对话的机会难以保障。此外，学习圈没有为新移民融入瑞典社会做出较大贡献。

三、部分学习圈的活动效率有待提高

尽管瑞典国家教育委员会每年都要对学习协会开展学习圈的情况进行追踪评估，并要求提交年度报告，但并不是每一个学习圈的活动都是高质量、高效率的。如何从完善政策和加强管理的角度保障学习圈的发展，保证学习圈的质量与投入成正比，这不得不说是一种新的挑战。

四、学习圈的组织机构有官僚化的趋势

与几十年前相比，作为学习圈专业组织的学习协会"机构化"色彩越来

越浓厚。尽管"机构化"的组织可能会有更高程度的稳定性，但也变得缺少灵活性和活力——更倾向于注重维持自身生存，而不是注重保持生机勃勃的内部民主学习氛围。

五、网上学习圈的弊端

随着社会的快速发展，尤其是进入网络信息时代，传统意义上的学习圈在不断演变，出现了"网上学习圈"，但在虚拟的学习圈中，成员间往往真实时空分离，不能直接进行语言交流和思想沟通，从根本上不利于建立融洽的学习氛围，难以形成团结协作的集体①。

附例：哥德堡市图书馆读书会

一、城市概况

哥德堡市是瑞典的第二大城市和北欧的工业中心，总面积 450 平方公里，人口 90 万人，是典型的移民城市，公共文化需求旺盛。哥德堡市图书馆馆舍面积 9 000 余平方米，藏书 39 万册。作为哥德堡最大的公共图书馆，哥德堡市图书馆读书会阅读推广活动颇具特色并极富成效。

二、读书会宗旨

哥德堡市图书馆读书会以开展成人教育、推广公民阅读为宗旨。在会员发展方面，读书会以成人会员为主，几乎囊括了社会各个阶层。由于哥德堡是北欧著名的移民城市，读书会十分注重吸收流动人员参与。据统计，截至

---

① 倪守建. 成人网络教学时空的局限及后现代时空观的启示 [J]. 河北大学成人教育学院学报，2009（1）：34-38.

2017 年共有 42 万流动人员参加读书会，占读书会成员的比重为 73%①。

三、活动安排

哥德堡市图书馆读书会活动时间、地点的安排非常人性化，每周至少安排一次活动，每年平均举办 68 次读书会活动，每次约 3 小时。读书会为了方便在职会员参与，经常在下班后的晚上举行活动。读书会阅读推广活动的地点，既可以在哥德堡的各级图书馆（含社区图书馆），也可以安排在咖啡厅、会所、公园、面包店和社区等场所。哥德堡市图书馆致力于让会员参与读书会活动的通勤时间不超过 5 分钟。与一般公共图书馆读书会不同的是，哥德堡市图书馆读书会十分注重对经典图书的深度阅读，选取的图书多来自诺贝尔获奖作品与《纽约时报》畅销书榜及获得瑞典国家图书奖的作品，如 2013 年到 2017 年，组织阅读了《百年孤独》《时间简史》《棉花帝国：世界史》《不太多，不太少：瑞典幸福生活的秘密》《远山淡影》等②。

读书会活动的主持人大多由哥德堡市图书馆受过专业培训的馆员担任。在活动中，主持人都十分注重参与人员发言的均等性，且能很好地掌控活动进程，让活动参与者都有所收获。哥德堡市图书馆十分注重读书会阅读推广活动的宣传，每次读书会的阅读活动都进行活动前、活动中和活动后三个阶段的宣传。在宣传方式上，除了传统的馆内宣传外，歌德堡市图书馆还十分重视通过社交网络、推特新媒体、门户网站、社区公共网站等全方位推介读书会阅读活动。

---

① National Library of Sweden. Introduction to the reading club of Goteborg Library ［EB/OL］. ［2021-02-12］. http：//www.kb.se/english/services/deposits/.

② 李保东. 瑞典公共图书馆读书会阅读推广实践研究及启示：基于哥德堡市立图书馆读书会的视角［J］. 图书馆理论与实践，2019（2）：23-26.

四、活动成效

(一) 参与者层面

1996 年哥德堡市立图书馆针对 476 名读书会成员开展的一项实证研究表明，其中 294 名成员（占比 61.8%）认为，通过参与读书会"学习了语言、工业知识，获取国内外信息"等，"实现了真正意义上的学习"，达到了"创造性地通过学习满足自身需要"的目的①。

(二) 图书馆层面

由于哥德堡市图书馆的读书会阅读推广活动始终将提升馆藏资源利用率作为目标，伴随着读书会阅读推广活动卓有成效地开展，图书馆进馆人次、新增读者量、图书外借量等基本绩效指标也得到了显著提升。哥德堡市图书馆的 2017 年服务年报显示，全年新增的 2.6 万读者中，通过参加读书会阅读推广活动吸纳的读者人数达到 1.7 万，占比高达 65%②。

---

① 陈建美. 瑞典学习圈运作特色研究 ［J］. 广州广播电视大学学报，2015（1）：15-20.

② Introduction to the reading club of Goteborg Library ［EB/OL］. ［2021-02-12］. http：// www. kb. se/english/services/deposits/.

第三章 国外和我国台湾地区
民间阅读组织面面观

在西方，伴随着启蒙运动的兴起，受教育的民众规模日益扩大，出版物生产量激增，读书会快速发展起来，并开始发挥其作用。美国早期的妇女读书会，主要"以会员的自我教育为目的，同时谋求为社区发展做贡献"，[①] 多以小说和诗歌等文学作品为主要阅读内容。在德国，"读书会是启蒙运动后期形成的社团组织，与当时的教育联合会、共济社、启蒙秘密会社一样，都是具备批判功能的公共领域"。[②] 英国图书信托基金会（Book Trust）发布的《组织读书会的指南》中说："英国有多达 50 万的读书会成员。读书会已普及到各行各业、不同年龄层和种族。"[③] 阅读社（Reading Agency）的研究发现，目前英格兰和威尔

① TAYLOR J B. When adults talks in circles：book groups and contemporary reading practices ［D］. Urbana-Champaign：U-niversity of Illinois at Urbana-Champaign，2007.

② 邱天助. 国内外读书会的传统与理念之探讨 ［EB/OL］. ［2021-01-10］. http：//www.docin.com/p-432517555.html.

③ 组织读书会的指南 ［EB/OL］. ［2021-02-13］. http：//www.booktrust.org.uk/usr/library/documents/bookbite-languages-how-to/12541_ bookbite_ 03-readinggroup_ mandarin_ qc_ prpd.

士有 1 万个图书馆组织的读书会，拥有 10 万会员①。本书选取国外和我国台湾地区发展比较成熟的民间阅读组织进行分析研究，以期窥一斑而知全豹。

第一节　美国女性读书会

在美国历史上，典型的民间阅读组织有女性读书会、名著基金会、奥普拉图书俱乐部等类型。

从 17 世纪到 19 世纪末的两百多年间，美国女性、工人、移民和其他弱势群体纷纷成立文学阅读讨论团体，将其作为自我教育的主要方式②。自 19 世纪 70 年代在纽约兴起了另一种读书会形式——"学习圈"（Study Circle），到 1915 年达到高峰，约有 70 万美国人参与到 1.5 万个学习圈中开展学习。"学习圈"的读书模式和理念经"学习圈之父"奥斯卡·奥尔森传播到瑞典，并在北欧国家一直兴盛不衰③。

20 世纪 30 至 60 年代，在美国名著基金会（Great Books Foundation）的推动下，成千上万的美国人在其学校或社区成立自己的读书会，直到今天，美国公共图书馆仍然在推动名著读书会的发展④。20 世纪 90 年代初，美国脱口秀节目主持人奥普拉·温弗瑞提出要让"美国再次阅读"，她建立的奥普拉读书会（Oprah's Book Club）风靡全美，吸引了更多的人加入到阅读的行列中来⑤。

---

① Reading groups leading 'cultural wave' [J]. The Bookseller, 2008, 5354 (10): 7.

② LONG E. Book clubs: Women and the uses of reading in everyday life [M]. Chicago: University of Chicago Press, 2003: 31-136.

③ BJERKAKER S. Changing communities: the study circle for learning and democracy [J]. Procedia - Social And Behavioral Sciences, 2014 (14): 260-267.

④ TAYLOR J B. When adults talk in circles: book groups and contemporary reading practices [M]. Ann Arbor: Pro Quest, 2007: 13.

⑤ ROONEY K. Reading with Oprah: the book club that changed America [M]. Fayetteville: University ofArkansas Press, 2005: 4.

时至今日，美国出版商协会、美国教育协会等民间阅读推广组织每年都会发起开展"抓住阅读""读遍美国"等阅读推广活动，不断改善自 20 世纪末以来由于电子技术发展所带来的阅读危机，努力营造浓厚的读书氛围。

女性在美国读书会的历史上占有举足轻重的地位。早期，美国女性主要还是推崇以烹饪、养育后代、家庭工作以及教堂活动等为主的生活方式。随着社会的发展和进步，女性读书会的主题逐步得以丰富和发展。1634 年，美国马萨诸塞州的安妮女士建立了第一个被称为"文学讨论组"（Literacy Discussion Group）的组织，她在波士顿等地邀请志同道合的女性参与宗教讲学。这一新鲜事物由于受到各方质疑而迅速消亡，但其作为最早的美国读书会，"文学讨论组"为美国早期读书会奠定了基本的运作框架：读书会参加成员都是女性，领导者个人独具魅力，讨论话题从文学作品到当代时政，题材多样，读书会的目标是实现自我教育。

到 19 世纪初，女性自我意识逐渐变得强烈起来并开始勇于表达自己的观念[①]。19 世纪中后期出现的妇女联谊会（Sorosis）和新英格兰女性俱乐部（NEWC）引发了城市阅读者的追随。美国社会建立了大大小小的以宗教信仰、女性解放、社会生活为主题，以阅读古典文学和讨论政治文化生活为依托的学习协会或者读书组织，阅读内容包括文学分析、育儿技术、社会主义、俄罗斯政治体制和关税以及现实中迫切需要解决的实际问题等。这些俱乐部遍布美国全国，掀起了阅读狂潮[②]。

美国社会学家伊丽莎白·朗（Elizabeth Long）认为，女性在 19 世纪末急切地渴望知识，希望以自己的双手来创造价值，读书会成为她们实现自我价值的重要途径。妇女联谊会和新英格兰女性俱乐部"抓住了时代的脉搏，女性读书

---

① TAYLOR J B. When adults talks in circles: book groups and contemporary reading practices [D]. Urbana-Champaign: U-niversity of Illinois at Urbana-Champaign, 2007.

② SEDO D R. Badges of wisdom, spaces for being: a study of contemporary women's bookclubs [D]. Burnaby: SimonFras-er University, 2004.

会就像一所大学一样,从每年的九月开始到次年六月结束,成员大部分为艺术家、诗人、编辑、历史学家和医生这样的有一定充裕时间的专业人士"[1]。如果说前期的美国女性读书会侧重于补充知识以实现个人价值的话,那么后期的女性读书会则侧重关注社会公共事务,讨论话题从阅读本身转变为解决社会和政治问题。例如:如何为当地的孩子们提供暑期学校教育和公共活动空间,公寓的住宿条件、移民的教育问题,妇女选举权和禁令,等等。自此美国女性读书会开始通过公开演讲、辩论,积极处理与政府官员之间的事务而进入社会公共领域,女性读书会讨论的内容由单一阅读而重点转向讨论社会公共事务。女性读书会由此从私下的女性团体小聚会发展到进入公共领域,参与社会的治理。

第二节 美国经典读书会和名著基金会

20 世纪 20 年代,哥伦比亚大学和芝加哥大学开展了经典阅读运动,这项运动推动了读书会的发展,成为美国读书会的另一种类型。经典阅读运动的发起者是哥伦比亚大学的厄斯金(Erskine)教授,1921 年他将学生需要阅读的经典著作和深入讨论结合起来。他给学生开列了 52 种经典著作,涵盖从荷马时期到威廉·詹姆斯时期的主要文学和哲学作品,他让学生每周读一本经典,然后在课堂上进行两个小时的讨论。厄斯金这种对名著课程的创新讲课方式,激发了学生的阅读兴趣,群体研讨的模式震惊了当时的教育界,这种新的阅读形式受到了人们的热烈欢迎。到 1925 年,这种模式已经发展到十几个学院。

今天仍旧有一百多所大学采取这种模式进行经典著作的学习研读[2],这种教学模式催生了大学的读书会。除了在大学里开设名著课程外,经典阅读运

---

① LONG E. Book clubs: women and the uses of reading in every-day life [M]. Chicago: University of Chicago Press, 2003: 7.

② WILLIAM C. College great books programs [EB/OL]. [2021-02-16]. http://www.coretexts.org/college-great-books-programs/#tz.

动的创始人也一直努力将经典阅读推广到大学之外，推广给公众。阿德勒与他的同事在 1926 年开设了两门面向社会成人的名著课程，"课程开始的第一年，吸引了 134 个学生，组成了 6 个小组，由两位教师负责组织讨论，这些小组在不同的地方聚集，在教堂、基督教青年会、救助之家，抑或教师家中"①，这些成人教育课程催生了社会上更多的名著读书会。

1947 年，经典阅读的倡导者哈钦（R. M. Hutchins）、阿德勒（M. J. Adler）成立了名著基金会。该基金会致力于向普通民众推广经典读物，出版了大量的经典图书。这些经典读物在书后都附有讨论题目，采取由专家为民众讲授阅读问题的交流方式。"基金会帮助成千上万的美国人在他们的学校或者社区成立自己的读书会。"② 读书会成为人们生活的重要组成部分，由老成员负责教授其他新成员如何融入读书会的生活。在最高峰的时期，社区里几乎每个人都在参加读书会。在 20 世纪 60 年代随着杜威实用主义的兴起，经典阅读的课程设计开始受到人们质疑。因为经典阅读课的内容处处体现着强者文化和精英文化，选择看似"高大上"却与人们日常生活无关的作品，经典阅读运动受到人们的批判并开始进入衰退期，但作为重要研读方式的经典读书会却在40 年中积累了大量的读者和运作经验。

第三节　美国奥普拉图书俱乐部

随着大众媒体的发展，在电视上推荐图书在美国成为一种新的读书会形式。美国"脱口秀女王"知名电视主持人奥普拉·温弗瑞（Oprah Winfrey）建立的"奥普拉图书俱乐部"，是以商业为目的的民间阅读组织的典范。这一

---

① 郑雪瑶. 从哥伦比亚大学到圣约翰学院：美国名著阅读运动研究（1919—1937）［D］. 北京：北京师范大学，2012.

② Great books foundation［EB/OL］.［2015-01-24］. http://en. wikipedia. org/wiki/Great_Books_Foundation.

新兴阅读组织从一开始便创造了极高的收视率，产生了空前的反响，成为观众、作家、出版商关注的焦点①。"奥普拉图书俱乐部"从1996年正式启动到2001年底，一直保持快速发展。

这一阶段，奥普拉一共推荐了46本图书，这些书每本的销量都超过了50万册，其中包括女作家杰奎琳·米查德的长篇小说《大洋深处》、诺贝尔文学奖得主托尼·莫里森的《所罗门之歌》等。理查德·J.巴特勒率领的研究组对奥普拉推荐的作品进行追踪调查发现：这些图书被奥普拉选中的当周，只有5本图书位列畅销书榜的前150名；即使算上之前的时间，也只有11本图书曾跻身榜单，它们之中最高排名不过是第25位。而在奥普拉所挑选的图书书单公布一周后，其推荐图书全部跻身畅销书榜前列。与此同时，在这46本图书中，有14本图书在隔了几个月后发行平装本，再度回到畅销书榜，其中一些书甚至在畅销书榜的前50名停留时间超过9周。

此外，研究者通过统计还估测出，每本经奥普拉推荐的图书为零售商增加了约8 000万美元的销售收入。进入21世纪，她向读者重点推介的名著包括：小说《自由》、《埃德加·索特尔的故事》、《新地球：认清你的人生目标》、《圣殿春秋》、《霍乱时期的爱情》、《中性人》、《一百万个碎片》、《末日危途》、纪实文学《就说你和他们一样》以及名人自传《一个人的法则》②。

2001年9月，奥普拉挑选年轻作家乔纳森·弗兰岑（Jonathan Franzen）的长篇小说《纠正》（*The Corrections*）作为季度推荐作品，并邀请作者参加"奥普拉脱口秀"。但弗兰岑认为奥普拉所挑选的作品过于通俗，认为她经常依靠主人公所经历的人生磨难来煽情，故拒绝上电视节目。奥普拉迅即将《纠正》从推荐名单中撤下。"弗兰岑事件"导致2002年图书俱乐部的活动暂停。经过一段时间休整，奥普拉重新开启图书俱乐部活动，但她所选择的图

---

① 赵俊玲. 阅读推广：理念·方法·案例［M］. 北京：北京图书馆出版社，2013.
② 修武. 奥普拉的读书俱乐部［J］. 青年参考. 2011-06-10（39）.

书数量也急剧减少：从 2002 年到 2010 年，她只推荐了 24 部作品，主要是一些名家名作，如加西亚·马尔克斯的《百年孤独》、卡森·麦卡勒斯的《心是孤独的猎手》、托尔斯泰的《安娜·卡列尼娜》、赛珍珠的《大地》，以及福克纳的三部曲《喧哗与骚动》《当我弥留之际》《八月之光》等。

影响奥普拉挑选图书的因素主要包括：情感主题、作品长度、难易程度和作者的族裔身份等。奥普拉图书俱乐部的成功很大程度上源于奥普拉本人的明星魅力。奥普拉图书俱乐部的读者以 18~54 岁的女性为主。从奥普拉推荐的图书内容来看，她的读书访谈不仅是娱乐大众的文艺节目，更是具有意识形态导向的媒体工具，努力在观众中寻求对于非裔美国人的同情和支持。奥普拉图书俱乐部不仅创下了图书销售的壮举，还在美国掀起了一股图书俱乐部热潮。

奥普拉图书俱乐部的成功说明，好作家和好作品同样需要宣传，利用电视和网络等大众媒体在出版商、作者和读者之间加强沟通，让更多读者了解作家和作品，无疑是非常重要的；作品的可读性和情感面是打动读者的关键，不能过度追求作者和作品的名气。奥普拉图书俱乐部的成功离不开读者对于奥普拉的崇拜和信任，而她本人也非常维护"奥普拉"的品牌形象，重视品牌建设也是其图书俱乐部成功的因素之一。奥普拉读书俱乐部节目被誉为引领阅读潮流的风向标。2012 年，奥普拉图书俱乐部 2.0（Oprah's Book Club 2.0）进入大众视野，开始利用网络和社交媒体的模式推广图书，包括大量关于图书的视频讲座、图书论坛、图书作者发布会、作品赏析等。

第四节　德国促进阅读基金会

德国推广阅读活动的广泛性和多样性都居世界前列，对传承德国文化、促进德国社会发展起到了重要的推动作用，对第二次世界大战后德国从废墟

到繁荣的蜕变功不可没。但是与世界各地的情况差不多，在 20 世纪末 21 世纪初德国也出现了"阅读危机"，大约有 42% 的学生承认没有读书的兴趣①。2000 年的国际学生评估项目（PISA）调研显示②：德国学生的阅读和计算能力均在中等水平之下。就阅读而言，10% 的参试学生不具备基本阅读能力，达到最高阅读水平的只占 9%，均低于经合组织成员国的平均水平。PISA 的评估结果在德国引发了关于教育改革和阅读能力提升的大讨论，德国政府不得不把阅读推广上升为国家战略。

作为联邦制国家的德国，其文化事务由 16 个联邦州自行决策，国家只设一个联邦秘书从中进行协调。由此造成了德国的非营利组织力量非常强大，有多个民间机构和组织进行阅读推广的工作，成立于 1988 年的德国促进阅读基金会（Stiftung Lesen）是其中影响最大的一个非政府组织，其前身是德国阅读协会。在德文中，非营利组织（NPO）是指国家和市场之外，以满足其成员或第三方需求为目的的志愿公益组织及公助私营商业机构，又被称为公益组织。这类公益组织不以营利为目的，以服务社会文化及科学为目标③，既不属于被称为第一部门的政府部门，也不属于被称为第二部门的市场系统，人们习惯将其看作是介于政府与企业之间的"第三部门"（The Third Sector）。它不仅是德国阅读推广的核心机构，在整个欧洲也是最大的阅读基金会，其名誉主席一直由德国历届总统担任。根据基金会章程，德国促进阅读基金会的宗旨是："全面推进社会的阅读工作，维护和保存当代的阅读和语言文化。通过提高识字率和培养阅读习惯，创造媒介素养发展的必要基础。"④

---

① 徐斌艳. PISA 引发的德国教育改革［J］. 现代教学，2006（6）：57-62.
② 张网成，黄浩明. 德国非营利组织：现状、特点与发展趋势［J］. 德国研究，2012（2）：34-39.
③ 张网成，黄浩明. 德国非营利组织：现状、特点与发展趋势［J］. 德国研究，2012（2）：34-39.
④ https：//www.stiftunglesen.de/ueberuns/portraet/.

一、资金来源

德国促进阅读基金会具有很强的募资能力，其活动资金来自德国联邦政府、州政府、企业、其他基金会及协会。以 2013 年为例，促进阅读基金会收入大约为 840 万欧元，其中超过 10% 来自联合委员会缴纳的费用，18.5% 来自项目合作伙伴，8% 来自社会捐助，55% 来自政府①。德国促进阅读基金会实际扮演着国家阅读政策的实际执行者和协调员的角色，在促进不同国家机构、基金会、企业、公众、学术界和商界之间合作方面起着重要的桥梁作用，对由于经济收入不同而带来的各州政府在政策执行方面产生的差异进行平衡，从而使国家阅读政策切实有效地得以执行。

二、运营模式

德国促进阅读基金会是由理事会、联合委员会、学术顾问组以及日常运营团队组成的。理事会是基金会的决策机构，把握基金会的工作方向，并争取社会各界的支持。理事会执委会成员分别代表不同组织和机构，包括总统办公厅代表，多位政府议员、部长，出版集团总裁和电视台台长等。联合委员会包括多家机构、协会和企业成员，主要吸纳能对基金会提供资金支持和合作资源的单位参加。学术顾问组中的专家为基金会的科研和项目工作提供内容支持，并跟踪研究阅读和媒介素养领域的新趋势、新问题。德国促进阅读基金会的日常业务由基金会总经理、业务经理和运营经理共同负责。同时，德国促进阅读基金会下设重点项目部门，主要包括由学者、教授和研究机构组成的科学咨询组，各项目部门为基金会提供建议和指导。

2004 年德国促进阅读基金会成立阅读推广学院，主要任务是为教育工作

---

① 全民阅读系列（一）：国家战略、政府行动：德国促进阅读基金会［J］. 法兰克福书展期刊，2015-04-20.

者、家长、教师和图书馆员等提供阅读推广工作的培训，包括：为成员提供阅读方法建议的读书俱乐部，提供推广阅读跨学科教材和教学指导以及基金会项目信息的教师俱乐部。德国促进阅读基金会经常邀请知名作家、学者、文体明星等担任阅读推广大使，通过互联网、电视、报刊等大众媒体进行推广，扩大社会影响力。由十余万经过培训的基金会志愿者，定期在幼儿园和学校等机构组织活动，成为基金会强有力的社会保障。成立于 2007 年的阅读和媒体研究所，作为基金会的科技支持机构，向青少年、家长、教育工作者、图书馆、社会人士定期提供一系列免费服务，包括阅读建议、质量监督、项目分析、培训、导读手册和简讯通知等。

三、阅读推广

阅读活动的发起与组织是德国促进阅读基金会的一项主要职能。多年来，德国促进阅读基金会定期举办讲座，向年轻的父母宣传讲故事的重要性和技巧，开展鼓励和培养志愿者等阅读推广活动。比如针对所有公民的"全国朗读日"活动、"4·23 世界读书日"活动、"阅读起跑线"及"数字多媒体"项目等。德国促进阅读基金会把针对儿童的阅读视作重点，包括：在 4 月 23 日这天举办"送你一个故事当礼物"活动，为 900 万个家庭寄送和麦当劳合作的欢乐餐书集活动，组织上万名学校教师参加教师阅读俱乐部活动，等等。促进阅读基金会下属的阅读俱乐部会定期到各辖区内的学校、儿童图书馆及其他活动中心，为来自各种家庭背景的孩子们组织聚会，为他们提供可以自由交谈、阅读以及多媒体互动的活动空间，让孩子们在游戏中加深对语言文字的掌握。

从德国促进阅读基金会的经验来看，阅读推广是一个系统工程，非营利组织的作用至关重要。德国促进阅读基金会与政府推广阅读的目标相同、行动策略一致，有力地保障了阅读推广资金和资源的供给；它作为各类不同机构之间的联系人和指导者，保证了各机构之间的有效合作；它建立了科学的研究和评估机制，使得各类阅读推广项目有绩效评估；它有多名专职人员，为阅读活动的开展提供了人员保障。这与我国大多数民间阅读组织募资能力不强形成鲜明对比。在我国民间阅读组织中，兼具研究能力和推广实践的机构还不多，在阅读推广上缺乏长效机制。

第五节　英国阅读社和读写素养信托组织

英国是世界上阅读推广水平最高的国家之一，其中阅读社（The Reading Agency）是阅读推广活动的引领机构之一，在英国阅读推广体系的构建中起到重要作用。英国阅读社创立于2002年，迄今为止阅读社推广的项目有"夏季阅读挑战"（Summer Reading Challenge）、"预读计划"（Reading Ahead）、"快阅读"（Quick Reads）以及世界图书之夜（World Book Night）等。针对4～11岁儿童暑期阅读的"夏季阅读挑战"是目前英国最大的儿童阅读推广活动，至今已持续20年，其核心内容是每年夏季推出不同的主题，鼓励儿童到图书馆借阅相关的6本或6本以上的图书并完成阅读，已参与过挑战的儿童超过百万。2019年"夏季阅读挑战"以太空追逐为主题，吸引了英国以及全球21个国家和地区的70多万名儿童参加，共阅读了250万本图书。研究表明，参加"夏季阅读挑战"可以帮助儿童在漫长的暑假提高阅读的能力和信心。

英国针对成人提高阅读水平的"预读计划"成立于2008年，该项目旨在帮助人们培养阅读兴趣，支持他们开拓阅读生活。该项目邀请参加者利用半年时间选择6种读物，并在个人阅读日记中进行记录、评分和审阅。完成日记后，他们将获得相应证书并可以参加全国抽奖。在2017—2018年度，英国"预读计划"惠及近4万名成年人。"预读计划"帮助人们形成一种良性的阅读循环：读者有阅读的意愿、希望增加阅读；进而参与阅读、享受阅读；在

阅读过程中，读者不断地锻炼并提升阅读技能；自身阅读技能得到提升后，读者的阅读意愿增强、希望阅读的范围继续扩大。"预读计划"迄今为止已发放阅读资料近500万册。这些图书大都由畅销书作家专门为"预读计划"开发写作，图书类型丰富。"快阅读"计划将所有的图书按难易程度分级，读者可根据自身情况选择适合的读物。

英国读写素养信托组织（National Literacy Trust，NLT）作为英国另一民间阅读推广组织，其主要成就是与英超俱乐部和英格兰艺术委员会联合开展旨在提高儿童阅读兴趣的阅读推广项目——"英超阅读明星"（Premier League Reading Stars）项目。英国读写素养信托组织通过调查发现很多不喜欢阅读的青少年却对足球有着极大的兴趣，如果由足球明星来倡导阅读，将有助于他们阅读兴趣的提升。目前已有1 000多所学校参与该项目[①]。该项目在2003年启动，主要面向不喜爱阅读却喜欢足球的5~6年级的小学生和7~8年级的初中生。在此项目中，英超俱乐部主要足球明星为其提供资金赞助，英格兰艺术委员会主要提供资金支持。以下重点对这一项目加以介绍。

一、实施情况

该项目主要通过以下三项工作推动阅读：

（一）指导培训教师和图书馆员

要真正地长期指导孩子们的阅读，学校教师与图书馆的参与必不可少。因此，Premier League Reading Stars 项目组以免费或收费的方式向老师和学生发放资源包，包括：策略书，内含10个环节的教学设计和指导，其中有著名的作家或足球评论员编写的足球故事等；纪念品，包含笔、书签、徽章和生动的阅读杂志在内的带有英超标记的物品。Premier League Reading Stars 项目

---

① 陈书梅. 英国阅读社发展经验及对我国民间阅读组织的启示 [J]. 江苏科技信息 2020（9）：35−39.

组会对每个学校选出的阅读指导教工进行为期一天的免费培训，使教工能够掌握策略书的精髓。

（二）在线阅读挑战赛

比赛往往是青少年乐于参加的一种活动形式。阅读挑战赛起初采用小组的方式进行，每个参加挑战的小组只要阅读完 100 本图书就可以获得免费的图书和晋级比赛的门票，但因为小组中存在不愿意阅读的学生，因此这种方式无法评估学生是否认真地读了一百本图书。2011 年 NLT 对这种模式进行了调整，改为在线挑战模式。具体而言，就是每个英超俱乐部提供一位球员作为"阅读之星"，该球员会朗诵 5 段关于一本图书、一篇新闻文章、一篇网页等不同风格的内容片断，每个片段即为一个挑战，设计 3 个问题，其中前 2 个问题能在该片段中找到答案，而第 3 个问题只有参加挑战的学生将相应的图书、文章或网页的全部内容阅读完才有可能回答正确。除了球员的阅读朗诵视频以外，网站上还提供了该片段的完整文本方便学生查看。参与挑战赛的学生每通过一项挑战就会获得相应的积分，当积分增加到一定数量的时候，学生就能获得足球运动员谈论图书的完整视频，并且可以获得相应的证书，完成所有挑战的学生会获得一份纪念品。

（三）推荐书单

每一位明星会推荐一本面向儿童和成人的图书，所有推荐组成一个 20 强的书单在网站上公布。阅读挑战赛中球员选择朗诵的图书具有宣传作用。对于这些图书，NTL 和布朗书屋（Brown Books）合作，给予购买者 30% 的折扣。目前 Premier League Reading Stars 项目正是通过这三项长期稳定的活动吸引了一大批热爱足球的青少年参与到这项阅读推广活动中，使他们变得爱阅读、会阅读，同时为阅读推广积累了宝贵的经验。

二、实施效果

Premier League Reading Stars 项目定期采用问卷调查、个别访谈等方式对

项目活动效果进行评估，其内容包括询问学生参加 Premier League Reading Stars 项目前后的情况变化、教师和图书馆管理员的反馈等。2014 年的评估数据表明，该项目已取得了显著成果，主要表现是：3/4 的学生在 10 周内完成了曾经需要 6 个月完成的阅读；1/3 的学生完成了 1 年的阅读，甚至更多；表示自己"非常喜欢阅读"的学生增加了两倍多；7/10 的学生表示自己作为读者感到非常骄傲；活动之后超过一半的学生开始常去图书馆，且 1/3 的学生成了图书馆的会员；半数孩子表示参与活动后有了自己最喜欢的作家；接近 2/3 的学生表示足球明星让他们更加热爱阅读。

Premier League Reading Stars 项目之所以如此成功，除了丰富多彩的活动设计之外，借助名人效应、激发儿童的阅读热情尤为重要。名人效应一般指因名人具有吸引力和号召力而产生的强大的社会影响。麦克拉肯（G. Mc Cracken）认为，名人效应在现代市场中具有极大的作用，并提出意义转移理论（meaning transfer theory）三阶段，即名人由于各种社会因素的影响而得以产生、名人的某些意义被赋予到产品之上、带有名人某些意义的产品被消费者所接受。麦克拉肯指出，只有在产品和名人之间建立合适的联系，消费者才能从产品中获得自己所需的意义。

Premier League Reading Stars 项目找到了名人与产品之间的联系，即球星与阅读推广活动之间的联系——足球。赋予阅读活动以球星的属性，使得足球青少年更易接受阅读活动。围绕活动的流程，整个阅读活动设计了由球星倡议或发起阅读挑战、球星参与推荐相关阅读书目、球星参与音频视频的摄制、球星提供奖品等环节，在球星与阅读活动之间建立了紧密的关联，极大地提高了足球少年的热情，使得他们提高了阅读的兴趣。在参与阅读活动的过程中，足球少年通过球星和阅读活动对其的影响重塑信心，从而逐渐爱上阅读。

三、借鉴启示

Premier League Reading Stars 项目的巨大成功得益于其充分利用了名人效应，对于我国阅读推广建设具有重要的启发和借鉴意义。

一是尽可能将各行各业的名人吸纳到阅读推广队伍，利用名人知名度和影响力来激发大众对阅读的兴趣。实践中，名人担任阅读推广人的形式主要有：参与阅读价值与理念的宣传，如我国中央电视台的多名著名主持人拍摄全民阅读公益广告；参与阅读活动的发起与设计，如美国前第一夫人劳拉·布什和美国国会图书馆共同创办的美国"国家图书节"；参与阅读奖励环节，如 Premier League Reading Stars 项目中球星为儿童提供亲笔签名等。

二是在名人参与过程中，要注重名人与专业阅读推广人的协同互助、分工合作。既能有效利用名人有限的精力和时间，又能发挥专业推广人员的优势，不可全部将活动交给名人组织筹办。可将整个阅读推广活动细分为策划者、组织者、讲述者、指导者等不同职责的推广人，在名人工作量最小化的基础上确保名人效应的最大化。精心设计阅读推广的方式，比如英超俱乐部的球员要进行阅读，并根据阅读的内容给学生布置问题，学生一边看视频一边回答问题，在阅读中实现和球员的互动，极大地提高了学生的阅读积极性。同时根据学生的阅读情况，球员可以发放给学生不同的纪念品，还有签字、面对面交流的机会等各种奖励。国内开展阅读推广时，可以从阅读推广人群的选择、推广方式的选择等方面借鉴这些形式。

三是注重名人的身份特征与群体阅读需求的相互对应关系。公众的阅读兴趣受到年龄、职业、兴趣爱好、家庭、身份等因素的影响，形成不同的群体阅读需求。在我国阅读推广人的选择中，可以根据不同目标群体的需求特征来寻找与之相对应的名人，保证阅读推广在内容上更具针对性，增加阅读活动的吸引力，确保相关推荐图书的质量。如运动爱好者喜欢各类体育运动，

这类阅读推广人可由专业运动员、教练来担任，儿童类的阅读推广人可由少儿主持人来担任等等。

四是重视阅读推广效果的评估。对阅读推广活动进行评估，既能总结阅读推广活动的成效，又能根据结果及时调整活动的方式方法等，取到事半功倍的效果。英超俱乐部的阅读推广活动，广泛吸收球员、学生、家长、媒体、图书管理员等多方主体参加，得出的结论往往客观公正。但是在我国"用实证方法来评估和重新设计阅读推广活动的研究几乎没有"，要想使阅读推广取得良好的效果，就必须在借鉴国外先进做法的基础上，强化阅读推广评估意识，建立科学、方便、可行的阅读推广评估办法，总结推广活动成效，发现推广活动的不足，推动阅读推广活动的可持续发展。

第六节　日本儿童玩偶读书会

2001 年日本《儿童阅读推进法》提出："儿童的读书活动是让儿童掌握语言能力、磨练感性、提高表现力、丰富创造力、深化人生所不可或缺的，因此为了让儿童养成主动的阅读习惯，应当形成相应的环境。"2002 年日本推出了《儿童阅读活动推进基础计划》（以下简称《计划》），进一步提出了"提高儿童阅读的积极性、培养读书主动性、养成终生读书习惯"的阅读核心目标。2013 年，日本再次对上述《计划》进行了修订，在养成阅读习惯的核心目标基础上，针对日益突出的"远离文字、远离书本"现象，适应电子阅读等新型阅读方式，对家庭、图书馆等各主体职能、协作、活动展开提出了更明晰的要求。为此，日本针对儿童阅读制定了一系列法规。"玩偶读书会"正是日本在高度重视儿童阅读的时代背景下所进行的一种儿童阅读推广新尝试。

玩偶读书会最初是 2006 年美国宾夕法尼亚州公共图书馆建立的一项针对

儿童阅读推广的民间阅读组织，其后被引入日本。自 2010 年起玩偶读书会陆续在日本各地建立。作为儿童民间阅读推广组织——玩偶读书会的阅读推广活动是以玩偶为中介，充分调动场地提供者（图书馆、书店、学校）、服务者（各场地工作人员、志愿者、引导者），以及儿童家长的积极性，通过幻想式的游戏行为促进儿童主动产生对图书的好奇心，培养儿童主动寻求阅读能力与习惯。该活动是在各方主体的共同参与和配合下来完成的。

玩偶读书会活动主要通过游戏的形式引导儿童在图书馆等场地先进行游戏，再对玩偶进行一系列"模拟读书"的拍摄，引导儿童形成"玩偶在图书馆看书"的想象，使儿童对玩偶阅读的图书产生兴趣，进而主动阅读①。活动准备阶段，需要确定活动时间、参与的儿童数量以及阅读书单。该阶段主要由活动场地的提供方和服务人员双方协调完成，场地多选择在图书馆或书店，服务人员一般为图书馆工作人员和志愿者。在具体活动时间确定后，工作人员会通过图书馆和当地媒体发布活动信息，并招募参与活动的儿童。在儿童名单确定后，服务人员会根据儿童的年龄等情况，确定合适的阅读书单。

实施阶段分成四个步骤：一是活动当晚，父母与儿童携带儿童最喜欢的玩偶共同前往活动场地，儿童与玩偶一起参与相关的游戏。二是游戏结束后，晚间工作人员对玩偶进行摄影，拍摄与玩偶一同"游戏"和"阅读"绘本的场景，工作人员引导儿童将玩偶"留宿"在图书馆。三是活动次日早晨，将玩偶归还给儿童，同时向儿童展示玩偶"留宿"当晚"游戏、阅读"活动的照片，引发儿童"玩偶在快乐地读书"的想象，引导其对阅读行为产生兴趣。四是将照片中玩偶"阅读"的图书介绍给儿童，并告知这是由他最喜欢的玩偶帮他挑选的，引导儿童对书单所列图书产生兴趣，并将图书带回家阅读。活动结束后，由父母引导儿童完成活动中书单所列图书的阅读，并进一步引

---

① 陈佳沁. 日本儿童阅读促进项目"玩偶读书会"：嬉戏、幻想与主动性阅读行为养成 ［J］. 出版科学, 2019（6）：110-115.

导儿童阅读其他图书。相应工作人员追踪儿童对所选书单所列图书的反映情况，为此后活动的开展和图书的选择提供经验。

日本学者冈崎善弘对玩偶读书会的推广效果进行了研究①，共有 42 名儿童参与。第一天让儿童与玩偶进行游戏产生亲密感，并让玩偶参加读书会。第二天，参与活动的 42 名儿童中有 21 名儿童（50%）要求读玩偶阅读过的绘本，而在此之前主动寻求阅读绘本的儿童仅 2 人。参加玩偶读书会的儿童在活动第二天的阅读兴趣最为高涨，当次参与活动的儿童中有半数儿童主动要求阅读玩偶看过的图书。但是在活动后第三天和活动后一个月的调查中，主动要求阅读玩偶看过的图书的儿童数量快速减少，三天后仅剩 10% 的儿童（4 名），而一个月后仅有 2 名儿童还对绘本有兴趣，回归到了活动前的水平。之所以参加一次活动的效果持续时间很短，主要在于活动结束后玩偶回到儿童身边，儿童会产生"玩偶没有继续看书，没有再去参加读书会"的想法。因此，在一定阶段内定期开展活动，并保证儿童持续参加活动，是保持阅读效果持续的关键因素之一。

为此，日本创新性地将增强现实的 AR 技术引入玩偶读书会，儿童可以通过手持智能设备实时观看玩偶所进行的阅读活动影像，并伴随玩偶的活动参与其中。AR 技术实现了儿童与玩偶结伴寻找图书的过程，儿童可以全程参与活动，在图书选择阶段就能够培养儿童的阅读自主性，同时也更能激发儿童的阅读热情。AR 技术应用于玩偶读书会改变了读书会整体的运作方式，也在很大程度上增加了儿童的主体作用。在传统的玩偶读书会中，儿童与玩偶之间的亲近与信任关系是玩偶读书会成功的关键要素之一，而基于 AR 技术的虚拟玩偶缺乏与儿童的亲密感，对于儿童的激励作用也相对有限。因此，"AR 玩偶读书会"如何实现"个性化"的玩偶或保持玩偶与儿童的长期互动，是

---

① OKAZAKI, ASAKAWA etc. The stuffed animal sleepover, enhancement of reading and duration of the effect [J]. Heliyon, 2017 (10): 43-48.

未来要着力改进的。

玩偶读书会是引导儿童阅读的新尝试，对我国儿童阅读推广活动具有一定的启发作用：遵循儿童天性引导阅读兴趣，不能以成人的阅读行为习惯来设计读书会形式，要更多地适应儿童的行为喜好。玩偶读书会的活动正是出于上述考量，将儿童幻想活动的主体、与儿童有亲密关系的"玩偶"加入读书过程当中。在遵循儿童嬉戏、幻想天性的基础上，各主体联动，改变儿童的阅读行为养成主要依托家庭、教育机构的单一模式，使得图书馆、书店等阅读资源被有效地利用起来，将家庭、教育机构、图书馆、书店、专业人士等多方面资源进行整合。同时，利用新媒介形式开发适合儿童心理特点的活动也是儿童阅读推广的一项有效措施。

第七节　我国台湾地区的民间读书会

我国台湾地区现代意义上的读书会发端于 20 世纪 80 年代中期，走了一条与欧美读书会不同的道路。我国台湾地区的读书会走的是民间起源、主管部门推动和回归民间主导的发展路径，即读书会经历了起源于民间，其发展势头引起相关主管部门的重视后，自上而下推出了一系列政策全面推动，掀起读书会发展的高潮，而后政策推动力趋于平和，最终回归由民间主导推动读书会的发展过程。然而，台湾地区读书会由于发展时间不长，民众阅读意识不强，社会大众对读书会的认识不足，发展过程中产生了诸多问题。进入21 世纪以来，随着台湾当局政策推动力度的减弱，读书会缺乏持续动力，发展趋于缓和①。

台湾地区学者对读书会的运营模式、类型特点、老年人、青少年以及妈

---

① 向剑勤．台湾地区读书会发展演变及其趋势［J］．图书馆杂志，2015（4）：57-63.

妈读书会的理论和实践研究积累了不少成果，主要有：邱天助的《读书会专业手册》、沈惠芳的《读书会难不倒你》、简静惠的《以素质精神经营读书会群》、陈思婷等的《阅读运动：读书会参与手册》、陈月文的《动手动脑玩游戏：多元智慧读书会》、林美琴的《青少年读书会DIY：营造青少年读书会的学习魅力》、王淑芬的《亲子共学：客厅里的读书会》、刘清彦的《烤箱的读书会》等等。

在台湾读书会走向成熟的道路上，政策推动起着重要的作用①。1985年，台北"妈妈充电会"（后更名为袋鼠妈妈读书会）及高雄"扬帆主妇社"，开创了台湾地区读书会发展的里程碑。20世纪90年代初，民间读书会热潮对全民阅读推广和社会教育的显著作用初见端倪，台湾地区相关主管部门开始将推动读书会列入其工作计划。在政府部门的大力推动下，民间读书会迅猛发展，参与人数多为11~20人，以女性居多，成员主要集中在31~40岁，聚会地点主要是学校和图书馆，阅读主题以自我成长、亲子阅读、人际关系等为主。民间读书会的主要经费来源是会员的会费。

台湾学者何青蓉认为，1996年是台湾地区读书会发展的转折点。台湾地区相关主管部门开始主动介入：一是通过了"书香满宝岛文化植根工作计划"（1996），发表了"迈向学习社会：推展终身教育、建立学习社会"的文件（1998），推行台湾地区"终生学习年"（1998），实施了"台湾地区儿童阅读运动实施计划"（2000）等，推动读书会全面发展。二是为读书会发展提供包括辅助办理读书会的办法、举办大型读书会活动、组织读书会领导人培训等支持。三是1997年成立民间团体——"台湾地区读书会发展协会"，负责读书会领导人培训，提供读书会信息及其他服务等。四是建立"台湾地区读书会网络联盟"网站，为全台湾读书会提供新书评介、讨论、问答及信息交流。

---

① 向剑勤. 台湾地区读书会发展演变及其趋势［J］. 图书馆杂志，2015（4）：57-63.

至此，台湾地区读书会才真正迈向全面发展，而非民间偶然点状的连结①。

据官方《92 年（2003）文化统计》显示：台湾地区登记在册的社区读书会共有 1 278 个。据估计，目前台湾地区大约有一万个读书会在运作，可见读书会在台湾地区是非常普及的。现代民众终身学习意识空前高涨、地方相关部门的全力扶持、公共图书馆的大力推动、理论体系和培训体系的成熟、完善的组织系统等是台湾地区民间读书会快速发展的主要因素②。

特别值得注意的是，2005 年高雄市图书馆委托文化爱河协会通过访谈的方式调查高雄市 126 个读书会的现状③。调查显示，当时仍在运营的读书会共77 个，约占 60%，已结束运营的读书会有 35 个，占比 28%，其他为不定期运营及无法取得资料的读书会。其中成立于 20 世纪 80 年代的有 6 个，成立于90 年代的有 32 个，成立于 2000 年以后的有 29 个。成立于 20 世纪 80 年代末至 90 年代初的无愿、扬帆、叙心社等民间自发性组织的读书会历经数十年，仍在运营。总之，历史悠久的民间读书会和由图书馆等社教部门推动的读书会得到了延续，这也为大陆地区民间读书会的发展提供了借鉴。

① 何青蓉. 台湾地区读书会发展概况与其现象分析［J］. 文化窗口，1999（13）：6-13.
② 曹桂平. 台湾地区读书会面面观［J］. 图书馆学研究，2009（10）：67-70.
③ 高雄市文化局. 94 年度高雄市读书会现况调查研究报告书［EB/OL］.［2019-11-09］. http：//www. khcc. gov. tw/PhotoData/9412_ reading. pdf.

第四章　民国时期北京民间阅读组织掠影

在古代，书籍是知识传播最重要的载体。中国的夏、商、周三个朝代"学在官府"，各诸侯垄断图法典籍，其他阶层没有阅读书籍的权利，读书处于被统治者垄断的状态。春秋末代至战国，私学兴起，士族阶层逐渐登上历史舞台，读书和教育开始转移到士族阶层手中。至近代前，特别是印刷术的发明带来了图书生产史上的革命——印本研究代替手抄书，图书数量和流通速度都有快速增长，有机会读书的人越来越多，甚至明清时名门望族的女性也能吟诗作文。但整个社会的阅读主体仍然是传统士族阶层，广大底层民众绝大多数不识字，至清末仍是"四万万人中，其能识字者，殆不满五千万人也"[①]。在社会化阅读方面，尽管我国古代就有以文会友的传统，并形成了"竹林七贤、建安七子、竟陵八友等文人团体即古代读书会的典型"[②]，至明代也出现了"读史社"、[③]"读书社"[④]等以"读史""读书"命名的读书团

---

① 梁启超. 中国积弱溯源论·饮冰室文集：第2辑 [G]. 吴松，卢云昆，王文光，等，点校. 昆明：云南教育出版社，2001.

② 赵俊玲. 国内外读书会研究现状及展望 [J]. 图书情报研究，2015（3）：15-21.

③ 钱谦益. 牧斋初学集 [M]. 钱曾，笺注；钱仲联标校. 2版. 上海：上海古籍出版社，2009.

④ 朱彝尊. 静志居诗话 [M]. 黄君坦，校点. 北京：人民文学出版社，1990.

体，但其成员依然没有摆脱士族阶层。

第一节 民国时期民间阅读组织的兴起

近代以来，中国社会落后的境况和民众低下的文化水平使有识之士深刻认识到"人才兴邦、教育为本"的重要性。先进的知识分子阶层坚持不懈地寻求"开民智、兴国力"的方法，他们广设学校，开办图书馆、民众教育馆等社会教育机构，并且把读书会作为文化教育机构实施社会教育职能的途径之一①。早在清末维新时期戊戌学会风潮中，关学会等学会办报藏书、推荐书籍、交流读书心得，其已具近代读书会早期雏形。清末阅报社掀起读书高潮，更多社团不仅组织读书读报活动，并设定固定时间、阅读主题、组织规程，发展成为一种非正式组织性读书会议②。

民国时期（1912—1949）被认为是中国阅读史上的革命时期，具有普遍意义的以文字阅读为主的大众阅读作为一种社会群体现象得以兴起③，一批读书组织如雨后春笋般创办起来。这些读书组织以读书会冠名的居多，除此之外，也有名为读书社、读书处、读书劝导会、读书互助团、读书谈话会、读书班、读书研究会、读书竞进会等群众性的读书团体。经"五四结社"高潮的推进，至二十世纪三十年代，各种民间阅读组织数量达到顶峰，不仅创办了现代读书会、现代妇女读书会和现代儿童读书会等大量公益性、学术性的读书会，也有像中华书局、开明书店等出版机构借鉴国外书业的做法，创办了一批以推销本版图书为主要目的的商业性读书会。在这次阅读运动中，民间阅读组织扮演了重要角色——通过共享书刊、分享阅读、交流讨论，改变

① 李蕊.民国时期读书会研究［D］.保定：河北大学，2015.
② 凌冬梅.我国近代读书会的价值及其研究［J］.图书馆论坛，2019（11）：130-138.
③ 许欢.民国时期大众阅读研究［D］.北京：北京大学，2006.

了传统私人阅读形式，推进了跨越阶层、跨越空间的阅读运动，使人际关系跳出了血缘、亲缘、地缘、业缘、学缘等传统关系，建立起一种以印刷品为中心的社会关系网①。民国时期的读书会与"救亡图存"的时代使命紧密相连，部分读书会以"抗日救亡"为宗旨，赋予了"阅读"新的含义与价值。"假使我们抗战建国的胜利还需要某些时期的话，在中间，我们的读书会，至少可以起百分之二的推动作用。"② 抗战读书会把"阅读"升华为"救亡图存"的一种宣传方式。

第二节　作为思想传播途径的读书会

许多早期的马克思主义者和共产党人都有通过读书会宣传马克思主义等进步思想的经历。

毛泽东在革命时期曾指出："重要的问题在善于学习。"即使在战争激烈的年代，毛泽东也从未间断过读书，而且他还组织读书会号召大家一起读书交流，他认为这是一种很好的读书方法。1920 年，毛泽东、彭璜等人在湖南长沙组织筹建了一个以传播新文化、新思想，推动社会变革的书社，主要销售如《达尔文物种起源》《新青年》《少年中国》《新生活》等各种反映社会变革的图书报刊。为了扩大影响，打开图书销路，毛泽东写过一份《读书会的商榷》夹在书刊中散发，成为一份珍贵的读书会思想的重要文物。《读书会的商榷》全文约 500 字，其中写道：

"近来有许多人提倡读书会，我们觉得这个办法实在很好。其好处有三：

1. 一个人买书看，出一元钱只看得一元钱的书，若合五至十个人组织一个读书会买书看，每人出一元钱便可看得到十元钱的书，经济上的支出很少，

---

① 凌冬梅. 民国读书会史料的构成、分布与搜集探析 [J]. 图书馆建设，2019（1）：13-20.

② 陈挹芬. 抗战中读书会的建立和作用 [J]. 五月特刊，1939（9）：10.

学问上的收获很多；

2. 中国人的'关门研究法'……实在不好。最好是邀合合得来的朋友组织一个小小读书会，做共同的研究，就象你先生看了这本书，一定有好多的心得，或好多的疑问，或好多的新发现，兀自想发表出来，或辨明起来，有了一个小小的读书会，就有了发表和辨明的机关了。

3. 报是人人要看的东西，是'秀才不出门，全知天下事'的好办法。现在学校里的学生诸君，也有好多不看报的，是因为学校不能买许多报，报的份数太少的原故。最好要'每班'组织一个读书会，每月各人随便出几角钱，合拢起来就不少。除开买书之外，便可多定几份报……上列好处，如你先生觉得还不错，'读书会'这东西，何妨就从你先生组织起呢……①。"

由此可见，共享图书，阅读讨论，筹措购书资金是当时成立读书会的主要目的。

1922 年北京大学等学校学生筹建成立了"学生读书会"，读书会分为政治、法律、社会、教育、经济五个小组，每个小组都聘请指导老师，李大钊就是导师之一。1922 年 11 月 19 日，李大钊在读书会召开的会议上专门发表演讲，指出："在北京成立的团体很多，却向来没有读书团体的组织。这会实是应着需要而成立的，且这会旨以根据学理研究实际问题，则以前所谓主义与问题之争，也可由此会解决了。"② 1922 年 12 月 17 日，李大钊又在北京中国大学哲学读书会上做了题为《社会问题与政治》的演讲，以马克思主义为指导，强调社会问题的变革必须依赖于政治的变革，在中国解决社会问题，必须推翻"腐败"的"专制体制"③。

马克思主义在中国的广泛传播，引起了军阀、国民党反动派及帝国主义

① 樊宪雷. 革命时期的读书会［J］. 党的文献，2017（3）：118-124.

② 李大钊. 李大钊全集：第 4 卷［M］. 石家庄：河北教育出版社，1999.

③ 李大钊. 李大钊全集：第 4 卷［M］. 石家庄：河北教育出版社，1999.

国家等各种敌对势力的恐惧和憎恨，视之若洪水猛兽，给它加上"过激主义"等罪名，竭力阻止其在中国传播。在这种情形下，公开宣传马克思主义的途径被堵死，读书会这种灵活的传播途径由此成为马克思主义者的重要选择。全面抗战爆发后，日本帝国主义在文化上加紧推行所谓的"东亚新秩序"，灌输"文化提携"思想，推行奴化教育，企图从思想上动摇中国人民的抗战意志。中国共产党为提高人民群众的民族意识和增强抗战必胜的信心，积极加强文化建设，读书会这种组织形式同样受到党的重视。1937 年 10 月 16 日，刘少奇在《抗日游击战争中各种基本政策问题》一文中，就如何"提高人民的民族觉悟与文化水准"，特意强调应"建立各种文化团体，研究会，读书会等"①。

抗日期间的读书会虽仍继续存在，但在敌占区和国统区，读书会多趋于沉寂。据于光远回忆："在抗日战争期间，延安并没有组织像上海、北平等城市青年们的读书会，但是有好几个单位，采用定期开会读书的办法进行干部学习。我认为也可以把这样的会称之为读书会。"② 1979 年在三联书店杂志《读书》创刊前的编辑部座谈会上，于光远发表《怀念"读书会"组织"读书会"》的讲话，回忆了抗战时期在上海、北京、天津、广州、延安等城市读书会的开展情况，认为"读书会是集体学习的一个好形式"，"应该把组织读书会的工作抓起来"。该讲话获得与会人士的普遍赞同，甚至提出此刊以"读书会"为名的设想，这表明近代读书会的价值再度被社会所认可。为满足广大青年的求知要求，党领导下的出版机构和进步"文化工作者"通过写文章、翻译书籍和办刊物向他们宣传马克思主义革命真理。同时，许多革命组织通过读书会的形式把青年组织起来共同读这些书刊。因此，多数读书会是由青年团体组织成立的。

① 中央教育科学研究所. 刘少奇论教育［M］. 北京：教育科学出版社，1998.
② 于光远. 怀念"读书会"，组织"读书会"［J］. 读书，1979（7）：32-34.

第三节　利用读书会壮大党的组织

大革命失败后，国民党开始大肆破坏共产党的组织、逮捕屠杀共产党员，发展党的组织更加困难，更需要采取机动灵活的方式。1928 年任弼时指出："每个支部必须找出许多公开组织群众的方法，如上海之弟兄团、姊妹团、堆金会、读书会、平民学校等等，在自己的领导与影响之下去结合周围的群众，并且要抓住每一个公开活动的机会，将我们秘密的工作与其联系起来，以吸引广大的群众，扩大党的影响。"[1] 正是在这种思想指导下，我们党以读书会的形式团结了一大批进步群众，特别是将一大批渴求进步思想的青年学生团结在一起，壮大了党的组织。

据谷景生[2]回忆，1935 年初他和彭涛等人组织了一个读书会。他们通过读书会做群众工作，团结爱国青年，积聚革命力量，后来将读书会中的进步分子发展为党员。比如刘曼生（谷牧），就是通过谷景生介绍参加左联后又被发展为党员的。陈企霞[3]回顾 20 世纪 30 年代的读书会时指出："三十年代，在我们对国民党反动派进行反'文化侵略'的那些岁月里，在学生、青年知识分子中间，就比较普遍地有了读书会这类的组织。我们的党组织，很重视在群众中出现的这个活动方式，有意识地去领导，去组织，去推动这些活动。尤其是在三十年代后期，在高涨的救亡运动中，这种进步的读书会运动，发展得更为普遍，更为活跃，扩大了我们党的影响，动员和组织了革命群众。"

---

①　任弼时. 任弼时选集［M］. 北京：人民出版社，1987.

②　谷景生. 回忆"一二九"运动与北平地下党［J］. 党的文献，2001（2）：32-34.

③　陈企霞. 也说说读书会［J］. 读书，1980（7）：25-27.

第四节　读书会引导青年走上革命路

革命前辈安捷在《读书会引导我们走上革命路》一文中回忆说："我是在北平长大的。在抗日战争时期，我与当时参加革命的许多同志所经历的，是一个从自发爱国主义转变到在党的领导下进行有组织的自觉战斗的过程。其中，组织和参加进步的读书会，是使我们走上革命道路的桥梁。"① 当时读书会的内容大致有五项②：一是读进步书。读的多是文艺作品，如鲁迅、巴金、茅盾、田汉、曹禺等人的作品，苏联文学作品如《铁流》《毁灭》《母亲》《被开垦的处女地》《海上述林》等。二是讨论问题。探讨的话题比如讨论人生的意义时，从人为什么活着谈起。三是办手抄本的小刊物。小刊物有《星期刊》，后改称《绿洲》（即沙漠中的绿洲）。每周每个会员都必须交一篇短文，内容形式不限。四是唱革命歌曲。革命歌曲能激动人心、激发爱国热情，是宣传群众、教育群众的有力武器之一。经常唱的歌曲有《松花江上》《义勇军进行曲》《五月的鲜花》《伏尔加船夫曲》《游击队小调》等。五是演小型话剧。1940 年冬圣诞节演出《圣诞之夜》，排练田汉的《获虎之夜》。1941 年上半年排练田汉的《苏州夜话》，后《苏州夜话》被搬上舞台。

20 世纪 30 年代，大革命失败，虽然马克思主义在中国的初步实践遭受了挫折，但此前中国思想界所呈现的社会主义各派学说的流行之势依然不衰，马克思主义日益成为一股强大的思想潮流。如当时各地高校的讲坛，一时马克思主义学说成为风气，而在北平各高校的张申府、邓初民、李达、范文澜、施存统、马哲民、许德珩、侯外庐、黄松龄、吴承仕、张友渔、齐燕铭等"红色教授"之众，更使马克思主义得以深入传播。麌尔读书会就产生于这一

---

① 安捷 . 读书会引导我们走上革命路 [J] . 北京党史，1988（9）：32-36.
② 安捷 . 读书会引导我们走上革命路 [J] . 北京党史，1988（9）：32-36.

时代背景下的北平。鏖尔读书会中的"鏖尔"：一说是英文 ours 的谐音，一说取自"一切属于我们自己"（All is ours）和"我一无所有"（I have nothing）这两句话的英文字头，合起来的意思即是"我们无产者的读书会"①。

鏖尔读书会，主要学习的内容是马列主义著作以及当时新兴社会科学的辩证法和政治经济学。除了学习之外，读书会还利用假期，组织各校学生赴北平郊区农村去开展调查，研究中国农村性质、农村经济等问题，此外还组织到山西大同煤矿、北平长辛店机车车辆厂等地开展社会考察，用以了解中国产业工人的状况，通过以上形式，参与当时全国理论界热烈进行的中国社会性质、中国农村性质等大讨论。

关于参加的活动，裴丽生回忆说："当年我在清华上学，我们常利用周末参加'读书会'活动，传阅马列著作及其他进步书籍，交流学习心得，共同探讨国内外形势。"裴丽生所阅读过的书籍，有马克思主义的《资本论》《政治经济学批判》《反杜林论》《家庭、私有制和国家的起源》等，以及大量新兴社会科学的书籍②。20 世纪 30 年代，随着中日矛盾和日本侵华战争的持续升级，鏖尔读书会开展的革命活动日益增多。中共北方局为了团结更多的进步知识分子和青年学生，同时也为了掩护党的地下工作，党的很多活动都以党的外围组织——华北教育劳动者联盟（简称"教联"）的名义来开展，而这个团体的参加者多为中小学教员和范文澜、马哲民、许德珩、侯外庐、黄松龄、台静农、李霁野等一些大学教授，其中不乏读书会的成员。于是，两个组织的活动联合举办，教授们在各大专院校进行演讲和宣传，向青年学生和市民进行唯物史观的启蒙教育和传播马克思主义，北师大以及北大和清华等学校的许多党员学生和进步学生也纷纷加入"教联"，形成抗战爆发前北平乃至华北的马克思主义传播的又一浪潮。

---

① 散木. 鲜为人知的"鏖尔读书会"［N］. 北京日报：2012-06-11（20）.
② 散木. 鲜为人知的"鏖尔读书会"［N］. 北京日报，2012-06-11（20）.

总之，革命时期的读书会因其具有形式灵活、组织方便、氛围和洽等特点，不仅广受知识分子欢迎，也为中国共产党的组织宣传工作提供了便利。中国共产党借助读书会巧妙应对军阀、国民党及帝国主义的封堵查禁，成功进行马克思主义的宣传，传播革命思想，团结进步群众，壮大党的组织。相对于其他思想传播方式，读书会的一大优势是能够进行自由的思想交流，这也使得它在帮助党员干部深化对马克思主义的认识、推进马克思主义中国化进程等方面，发挥了重要作用①。

---

① 樊宪雷．革命时期的读书会［J］．党的文献，2017（3）：118-124.

第五章　北京民间阅读组织的
群体性现状考察

北京市开展全民阅读活动以来兴起的各类民间阅读组织，在全民阅读实践探索中都具有典型意义。在 20 世纪 90 年代中期以前，北京的民间阅读组织多依附于公共图书馆、企事业单位工会和学校内部，多以兴趣小组的形式组织，规模不大，以现场交流为主，阅读主题以及活动形式相对单一，个人发起成立的民间阅读组织较少。

随着 20 世纪 90 年代信息技术和互联网的发展，网站上涌现出如天涯、百度、搜狐等一批网络阅读论坛、社区，这些论坛以互联网为媒介，充分发挥网络的传播优势，吸引了大批读者在线阅读。而 QQ 空间、博客、微博以及微信群的出现，使社会化网络阅读发展更加深入，进入了自媒体阅读时代。这些民间阅读组织主要以草根的形式存在，并没有经过正式的民间组织登记。2005 年以来，伴随政府民间组织管理制度的改革和全民阅读活动的开展，民间阅读组织开始在规范化和专业化的道路上探索，一批在民政部门注册登记、拥有独立法人资格的阅读社团和民办非企业组织成立。这类阅读组织与政府合作，积极介入市民社区生活，在公益阅读活动和阅读推广方面发挥了重要

作用。从此，民间阅读组织不但在数量上迅猛增加，而且专业化水平不断提高，尤其在亲子阅读、国学推广、阅读推广人制度建设上取得了长足进步。比如悠贝亲子图书馆、皮卡书屋读书会、同道学园等一批高知名度的阅读推广机构。再比如"书香中国·北京阅读季"还专门针对民间阅读组织设立了"最佳阅读推广组织和推广人"奖项。

本书利用民族志、数据分析、案例分析等方法，考察民间阅读组织整体面貌，并对典型案例进行参与观察、深度访谈和田野调查，以此考察北京民间阅读组织的发展现状。

第一节　北京民间阅读组织初探

每个城市都有自己的读书会。以南京为例，据 2016 年 7 月 14 日《南京晨报》报道："光是南京，就有三百多个各式各样的读书会"。南京领读者联盟发起人葛继彬说："据统计，南京现在已经有各式读书会 100 多个"。[1] 又据 2019 年的媒体报道，南京活跃着数以千计的文学社团和协会组织，仅读书会就有 450 多家[2]。以被联合国教科文组织评为"全球全民阅读典范城市"的深圳为例，据 2017 年 4 月《深圳晚报》的报道，深圳阅读组织已经超过 100 个。2019 年《光明日报》报道："从 2012 年全国第一个阅读联合组织——深圳市阅读联合会成立以来，目前深圳已经发展有 130 多个阅读组织，包括很多文化精英和有情怀的知识分子，成为阅读的骨干力量和带头人"。[3]

① 仲敏，仲永，杨静，等．读书之味 愈久愈浓 [N]．南京晨报：2016-07-14（7）．
② 您好，这是我的新名片：世界文学之都！[EB/OL]．[2021-02-28] https://m.thepaper.cn/baijiahao_．
③ 深圳：引领全民阅读由浅入深 [N]．光明日报：2019-07-19（12）．

北京到底有多少民间阅读组织？这是一个难以统计调查的数据。2014 年北京民间读书会发展大会组委会统计了通过外部报道留有文字记录的北京地区的民间读书会有 145 家，其中活跃度较高的有 60 家。2016 年媒体报道："集中在文化圣地北京的 200 多家中小读书会，多是民间读书会，他们是北京读书会的中坚力量，如爱思想读书会、一起悦读俱乐部和燕京读书会等等，已成为北京地区最具影响力的品牌读书沙龙之一"①。民间阅读组织既包括狭义上的读书会，也包括广义上所有热心和积极推动阅读的非政府组织（NGO）、读书沙龙、民间基金会、志愿者团体等。民政部门正式登记的社会组织和没有登记的草根组织都归属于民间阅读组织。可见，上述报道提到的读书会仅是民间阅读组织的一部分，而非全部。

本书通过文献调研、数据分析、区域统计等途径，对北京民间阅读组织的整体面貌进行了大致了解。截至 2019 年底，北京市通过媒体、网站、新闻报道、参加活动等显现于外部文字的各类民间阅读组织约有 206 家，分布在全市十六区。从区域分布、成立时间、活动频次、参加人群、阅读内容等方面我们对北京民间阅读组织的总体情况进行了分析梳理。需要特别说明的是，在某一个时间点上，全市的民间阅读组织数量或许是确定的，但由于民间阅读组织大多没有登记在册，人员流动性极强，成立和解散都很随意，始终处在不断产生和消亡的过程中，总体数量只能是粗略的数目而且有些民间阅读组织没有资料显现，因此很难统计。本书仅对成立五年以上、活跃度高（是指一年内持续每周举办一次及一次以上的共同阅读活动）、有资料可查、声誉好、有影响的 50 家民间阅读组织进行了较为详细的调研，206 家民间阅读组织如表 5-1 所示。

---

① 知更社区执笔，解慧整理. 民间读书会生态调查［N］. 中国出版传媒商报：2016-04-22（26）.

表 5-1　北京地区 206 家民间阅读组织名录

书香中国·北京阅读季（民间阅读组织参与）	身心灵成长读书会
清华大学西麓学社	北京大学耕读社
蒲蒲兰绘本馆	燕京读书会
海淀区诚品建筑阅读示范社区读书会	皮卡书屋读书会
单向街读书沙龙	总裁读书会
雨枫书馆	新知读书沙龙
浩途家庭俱乐部	爱丁岛亲子悦读馆
九鼎公共事务研究所读书会	人大日知社
集智俱乐部	超个人心理学读书会
共识读书会	燕乌集阙读书会
古逸读书会	好望角读书会
凤凰网读书会	辅仁读书会
同心圆读书会	正略读书会
搜狐读书会	体验之路读书会
阅湖书社	创业联盟沙龙
中国金融博物馆读书会	海上文学书友会
一元公社小泥屋青年读书会	野地里读书会
阅读邻居	一起悦读俱乐部
北科大青年读书会	新阅读读书会
周末读书会	"爱思想的青年"读书会
沙之书读书会	同道学园
西山读书会	一起读读书会
华北电力大学公共行政读书会	藏书阁乱讲堂
卧龙学社	嘤鸣读书会
第二书房社区图书馆读书会	福图书馆读书会
花城社区读书会	腾讯思享会
阅生活 BOOK CLUB	Open Academy
耕读书会	好学公益读书会
天则西学经典品读会	经管读书会
人大络页读书会	公民共在读书会

续表

腾讯大家沙龙	明心读书会
萨提亚体验式读书会	new age 身心灵读书会
The Weed 读书会	悦读坊：望京读书会
爱在书香里读书会	南城读书会
恒阅读书会	悠然·读书会
禅修养生行知驿站读书会	原版英文读书会
美锐美思少儿英语英文原版绘本读书会	英特实境英语读书会
小袋鼠读书会	立人大学读书会
富兰克林读书俱乐部	北京论语一百读书会
安妮花幸福种子读书会	百万庄读书会
雕刻时光咖啡馆的时光文化讲堂	字里行间书店沙龙
海南出版社-次第花开读书会	3W 咖啡读书会
江博英语读书会	北京创业读书会
家庭经典读书会	金泰地产青年读书
阳光爱子园快乐读书会	蒲公英童书馆读书会
晨星读书会（华北电大）	红泥巴奥森读书会
番薯读书社（北京农学院）	北燕读书社（北化）
首都师范大学中华魂读书会	中财读书社
中财金融学子读书会	中财 silence 读书社
北京理工大学读书研究会	北师法学读书会
乡村中国读书会（人大）	北科读书会
一书一会读书沙龙（人大）	海龙果读书会（人大）
首师政法读书俱乐部	方正阿帕比读书会
蔚然读书会（矿大）	清华读书会
BTBU 玉檀读书会（北工商）	知味微型读书会
能院读书协会守望者（地大）	北体大本然读书社
地大地学院读书分享会	北邮益友读书社
木乔读书分享沙龙（北理工）	让思想飞读书社
北京印刷学院读书协会	中传硕士读书会
人大行管读书会	清华大学求是学会
京华读书会	金脊康学习读书会

天通苑读书会	子凡读书会
北京慧心读书会	瞎折腾读书会
无名读书会	近代史青年读书会
共同成长的美妙读书会	重振读书会
毛著读书会	四库全书读书会
迷你读书会	古代经典读书会
品茗读书会	青少年国学读书会
昌平读书交友会	微博读书粉丝会
心理学读书会	京师菁英读书会
北京读书交友群	棉花糖书友会
中国文学爱好者联合会	女神读书会
中国青年网络文学读书会爱阅团	三叶草故事家族
皮卡少儿中英文图书馆	妙妈悦读
北京师范大学新经济学读书会	五道口书院
幸福乡村图书馆	悠贝亲子图书馆
知止中外经典读书会	知更社区
启发文化传播	国历沙龙
中央编译出版社摆渡者大讲堂	童立方童书馆
接力出版社绘本课堂	青豆书房
中国人民大学兰台读书会	北京大学国政读书会
不止读书	十点读书
童书妈妈三川玲	罗辑思维
樊登读书会	凯叔讲故事
新阅读研究所 QQ 读书群	宏亮心灵之缘读书会
一起悦读俱乐部线上名著精读会	富兰克林读书俱乐部
桂馨基金会桂馨书屋和乡村阅读课	中国韬奋基金会
新经典飓风社	OEC 下午茶
酷客家长联盟	中国母亲读书运动
人大附中西山家长读书会	北京优昙悠谈读书会
北京三圣学堂	绿茶书情
北京大阅文化传播	绘本慢学堂

未来国	北京一起"8"读书会
北京以鸣读书会	人民出版社读书会
北京大学生阅读联盟	706 青年空间
吴晓波北京书友会	北京大道行思传媒
小黑鱼亲子读书会	长安街读书会
银龄书院	红泥巴读书俱乐部
徐冬梅亲近母语	阳光书园读书俱乐部
精品阅读	快乐小陶子
奥林浦斯学院	百万庄文化创客空间
爱读邦	博畅阅读
飞芒书房	北京读书人

第二节　50 家代表性民间阅读组织调查统计

在 206 家北京民间阅读组织中，有一些民间阅读组织由于经费、场地、人员、管理等各方面原因，已经找不到存续信息。其中，成立五年以上、活跃度较高、每周开展一次及以上活动的民间阅读组织经粗略统计有 50 家，这 50 家民间阅读组织在开展阅读方面积累了一定的经验，大致代表了北京地区民间阅读组织的基本面貌（见表 5-2）。这 50 家民间阅读组织的运营差异性也比较大，成立时间最久的是 2001 年成立的清华大学西麓学社，运营时间已有 20 年。

表 5-2　北京地区 50 家活跃度较高的民间阅读组织统计表

序号	名称	成立时间	所属区域	参与人群	阅读书籍	活动形式	活动频次
1	清华大学西麓学社	2001.05	海淀区	大学生	国学经典	文本为中心、研读	1/周
2	北京大学耕读社	2002.12	海淀区	大学生	国学经典	文本为中心、研读	1/周

续表

序号	名称	成立时间	所属区域	参与人群	阅读书籍	活动形式	活动频次
3	蒲蒲兰绘本馆	2004.08	朝阳区	少年儿童及家长	儿童读物	文本为中心、享读	1/周
4	诚品建筑读书会	2004.10	海淀区	社区业主	普通读物	讲座沙龙为主文本为辅	1/月
5	皮卡书屋读书会	2006.02	海淀区	少年儿童及家长	儿童读物	文本为中心、享读	1/周
6	单向街读书沙龙	2006.04	朝阳区	中青年白领为主	人文社科	讲座沙龙为主、文本为辅	1/周
7	总裁读书会	2006.07	朝阳区	企业高级管理人员	人文社科类兼经管类	讲座沙龙为主、文本为辅	1/月
8	雨枫书馆	2007.03	东城区	女性及青少年	女性及青年读物	文本为中心、享读	2/周
9	新知读书沙龙	2007.08	朝阳区	中青年白领为主	人文社科	讲座沙龙为主、文本为辅	1/月
10	浩途家庭俱乐部	2007.09	海淀区	少年儿童及家长	儿童读物	文本为中心、享读	2/周
11	爱丁岛亲子悦读馆	2008.01	昌平区	少年儿童及家长	儿童读物	文本为中心、享读	1/周
12	人民大学日知社	2008.03	海淀区	大学生	人文社科	文本为中心、讲读	1/周
13	燕京读书会	2008.06	海淀区	大学生高知人士	国学经典	文本为中心、研读	1/周
14	集智俱乐部	2008.06	海淀区	理工类青年为主	科学技术	文本为中心、研读	1/两周
15	燕乌集阙读书会	2009.06	朝阳区	大学生中青年白领	国学经典	文本为中心、研读朗诵	2/周
16	共识读书会	2009.11	朝阳区	中青年学者为主	人文社科类	文本为中心、研读朗诵	1/月
17	古逸读书会	2010.03	西城区	高知人士、中青年	人文社科类	文本为中心、享读	1/周

续表

序号	名称	成立时间	所属区域	参与人群	阅读书籍	活动形式	活动频次
18	好望角读书会	2010.03	西城区	大学生	人文社科类	文本为中心、享读	1/周
19	凤凰网读书会	2010.05	朝阳区	大学生、中青年白领	人文社科类	文本为中心、讲读、沙龙	1/周
20	辅仁读书会	2010.07	海淀区	大学生	国学经典	文本为中心、研读	1/周
21	搜狐读书会	2010.10	海淀区	大学生、中青年白领	人文社科类	讲座沙龙为主、文本为辅	1/周
22	创业联盟沙龙	2011.03	海淀区	创业青年	经济管理类	讲座沙龙为主、文本为辅	1/月
23	中国金融博物馆读书会	2011.07	朝阳区	金融企管人员、中青年白领	人文社科类	讲座沙龙为主、文本为辅	1/两周
24	阅读邻居	2011.10	朝阳区	中青年白领学者等	人文社科类新书	文本为辅兼有享读	1/月
25	一起悦读俱乐部	2011.11	海淀区	中青年儿童及家长	人文社科及儿童读物	文本为中心、讲读享读	2/周
26	北科大青年读书会	2012.03	海淀区	大学生	人文社科类	讲座沙龙为主、文本为辅	1/周
27	新阅读读书会	2012.05	朝阳区	少年儿童及家长	儿童读物	文本为中心、讲读享读	1/两周
28	"爱思想的青年"读书会	2012.08	海淀区	大学生及青年白领	人文社科类	文本为中心、讲读真读	1/两周
29	沙之书读书会	2012.08	海淀区	大学生及青年白领	人文社科经典	文本为中心、讲读	1/周
30	同道学园	2012.10	海淀区	大学生及青年白领	人文社科经典	文本为中心、精读讲读	3/周
31	西山读书会	2012.11	海淀区	企业管理人员	人文社科类兼经管类	讲座沙龙为主、文本为辅	1/月
32	罗辑思维	2012.12	海淀区	大学生及青年白领	人文社科类兼经管类	文本为中心、讲读	1/周

序号	名称	成立时间	所属区域	参与人群	阅读书籍	活动形式	活动频次
33	百万庄读书会	2013.03	西城区	中青年及白领	人文社科类	文本为中心、讲读烹读	1/月
34	公共行政读书会	2013.05	昌平区	大学生	人文社科经典	文本为中心、讲读烹读	1/周
35	嘤鸣读书会	2013.05	海淀区	大学生	人文社科经典	文本为中心、讲读真读	1/周
36	第二书房	2013.05	海淀区	少年儿童及家长	儿童读物	文本为中心、讲读享读	1/周
37	花城社区读书会	2013.05	丰台区	儿童家长	家庭教育类	文本为中心、享读	1/月
38	腾讯思享会	2013.06	海淀区	大学生及青年白领	人文社科类	讲座沙龙为主、文本为辅	1/两周
39	Open Academy	2013.07	东城区	大学生及青年白领	国外经典类	文本为中心、讲读享读	1/两周
40	耕读书会	2013.10	东城区	青年白领	人文社科经典	文本为中心、享读	1/周
41	奥林浦斯学院	2013.10	海淀区	青年白领	人文社科类经管类	文本为中心、享读	3/周
42	樊登读书会	2013.10	西城区	大学生、中青年白领	人文社科类经管类	讲座沙龙为主、文本为辅	1/两周
43	天则西学经典品读会	2013.11	朝阳区	企业管理人员	人文社科经典	文本为中心、讲读	1/月
44	人大络页读书会	2014.01	海淀区	大学生	人文社科经典	文本为中心、享读	1/周
45	腾讯大家沙龙	2014.02	海淀区	大学生及青年白领	人文社科新书	讲座沙龙为主、文本为辅	1/周
46	吴晓波北京书友会	2014.05		管理人员青年白领	财经管理类	文本为中心、讲读	1/周
47	人民出版社读书会	2015.05	东城区	作者、读者、编者	人文社科新书	文本为中心、研读	1/周

续表

序号	名称	成立时间	所属区域	参与人群	阅读书籍	活动形式	活动频次
48	银龄书院	2015.10	海淀区	老年群体	文学书画艺术	文本为中心、享读	1/周
49	童书妈妈三川玲读书会	2016.01	海淀区	少年儿童及家长	儿童及家教读物	文本为中心、享读	2/周
50	悠贝亲子图书馆	2016.03	海淀区	少年儿童及家长	儿童及家庭读物	文本为中心、享读	1/周

第三节　北京代表性民间阅读组织总体分析

从北京地区 206 家民间阅读组织的分布区域看（见图 5-1），活动场所在东城区的有 10 家，占总样本数的 4.85%；在西城区的有 12 家，占总样本数的 5.82%；在朝阳区的有 30 家，占总样本数的 14.56%；在海淀区的有 43 家，占总样本数的 20.87%；在丰台区的有 9 家，占总样本数的 4.37%；在石景山区的有 13 家，占总样本数的 6.31%；在房山区的有 9 家，占总样本数的 4.37%；在通州区的有 14 家，占总样本数的 6.80%；在顺义区的有 8 家，占总样本数的 3.88%；在大兴区的有 13 家，占总样本数的 6.31%；在昌平区的有 16 家，占总样本数的 7.77%；在门头沟区的有 7 家，占总样本数的 3.40%；在平谷区的有 4 家，占总样本数的 1.95%；在怀柔区的有 9 家，占总样本数的 4.37%；在密云区的有 4 家，占总样本数的 1.94%；在延庆区的有 5 家，约占总样本数的 2.43%。

由此可见，民间阅读组织分布与人口密集程度和文化发达程度密切相关，影响力较大的品牌民间阅读组织基本建立在文化功能突出、经济发展较快的海淀、朝阳两个区。

本书以 50 家活跃的民间阅读组织为样本，从成立时间、活动频次、参加人数、阅读内容等方面对北京民间阅读组织的总体情况进行抽样调查分析。

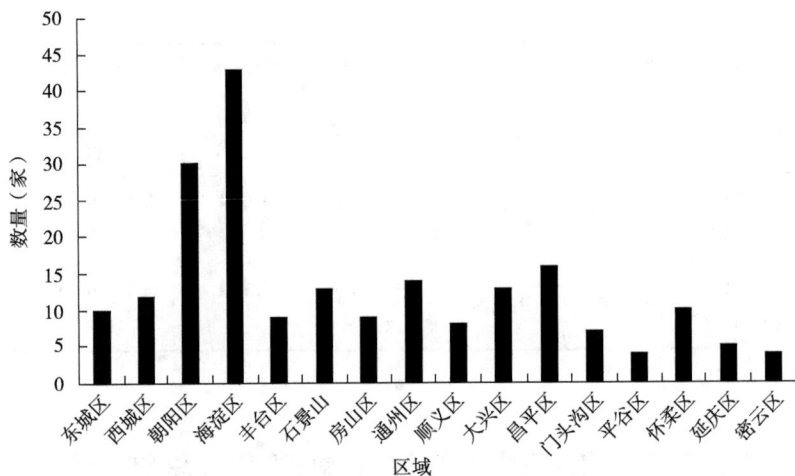

图 5-1　北京民间阅读组织的区域分布

一、成立时间

从 50 家活跃程度较高的民间阅读组织成立时间看（图 5-2），截至 2021 年 3 月，成立时间 15 年以上的有 6 家，占总样本数的 12%；成立时间 10~15 年的有 16 家，占总样本数的 32%；成立时间 5~10 年的有 28 家，占总样本数的 56%。由此可见，一半以上的民间阅读组织成立于 2011 年后，这与

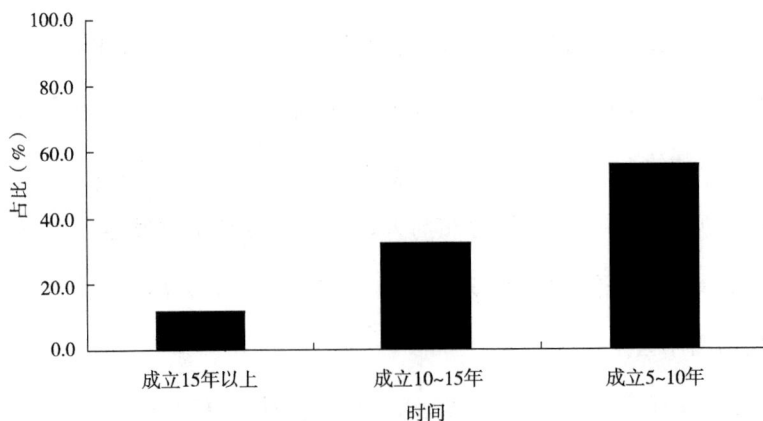

图 5-2　50 家民间阅读组织成立的时间分布

我国大力推进全民阅读的形势相吻合。随着全民阅读的深化，党的十八大后涌现出了更多的民间阅读组织，成为推动全民阅读的活跃力量。

但调查中也发现，不少民间阅读组织早在 2011 年之前，就通过豆瓣小组、百度贴吧等发帖组织成立，进一步检索其最近几年的活动，却再也难以找到记录。有民间阅读组织更换组织者之后就停办了，也有因经费、场地、管理、人员等问题而停办，等等。总体上看，小型民间阅读组织的可持续发展问题十分堪忧。

二、活动频次

从民间阅读组织的活动频次看，每月举办一次活动的有 10 家，约占总样本数的 20%；每两周举办一次活动有 6 家，约占总样本数的 12%；每周举办一次活动的有 30 家，约占总样本数的 60%；每周举办 2 次及 2 次以上活动的有 4 家，约占总样本数的 8%（见图 5-3）。

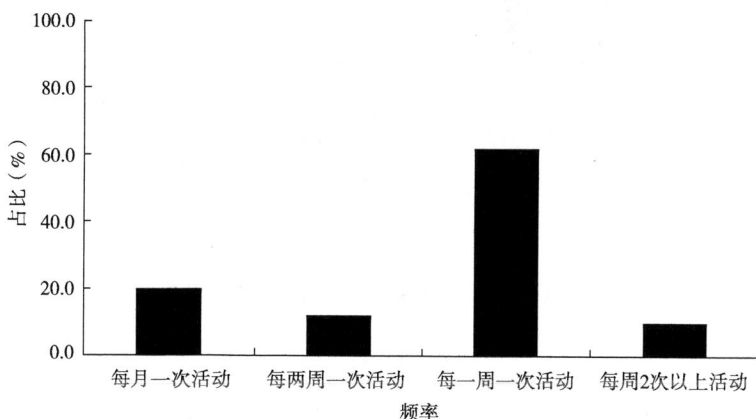

图 5-3　50 家民间阅读组织的活动频率分布

三、参加人群

参加民间阅读组织的人群主要有大学生、青年白领、儿童、儿童家长

（以妈妈为主）、企业管理者和学者等，其中以大学生为目标人群的民间阅读组织有 21 家，占总样本数的 42%；以青年白领为目标人群的民间阅读组织有 13 家，占总样本数的 26%；以儿童及家长为目标人群的民间阅读组织有 10 家，占总样本数的 20%；以企业管理者为目标人群的民间阅读组织有 2 家，占总样本数的 4%；以高级知识分子、学者为目标人群的民间阅读组织有 2 家，占总样本数的 4%。此外，还有 1 家以创业者为目标人群的民间阅读组织和 1 家以作者、读者、编辑为目标人群的民间阅读组织（见图 5-4）。

由此可见，参加民间阅读组织的人群主要是学生、儿童、家长和社会管理人员，民间阅读组织为这些人群不定期举办有针对性的专场活动。

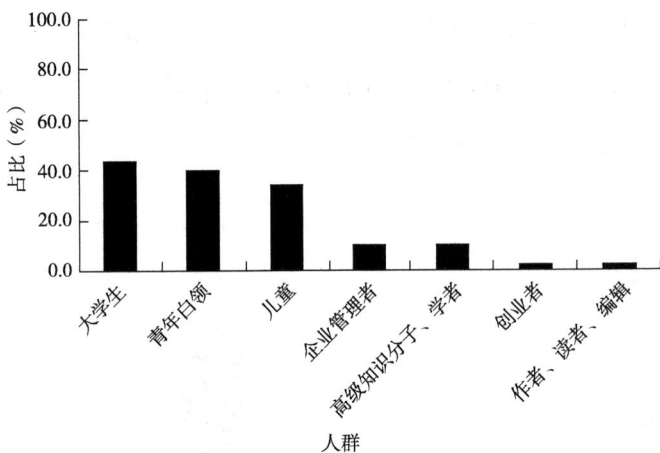

图 5-4　50 家民间阅读组织的参加人群分布

四、阅读内容

从阅读内容分布来看（见图 5-5），人文社科类民间阅读组织共有 27 家，占总样本数的 54%；国学经典类民间阅读组织共有 5 家，占总样本数的 10%；儿童阅读类和亲子教育类民间阅读组织共有 11 家，占总样本数的 22%；财政经济管理类民间阅读组织有 5 家，占总样本数的 10%；科学技术类民间阅读组织有 1 家，占总样本数的 2%；女性主题民间阅读组织有 1 家，占总样本数的 2%。

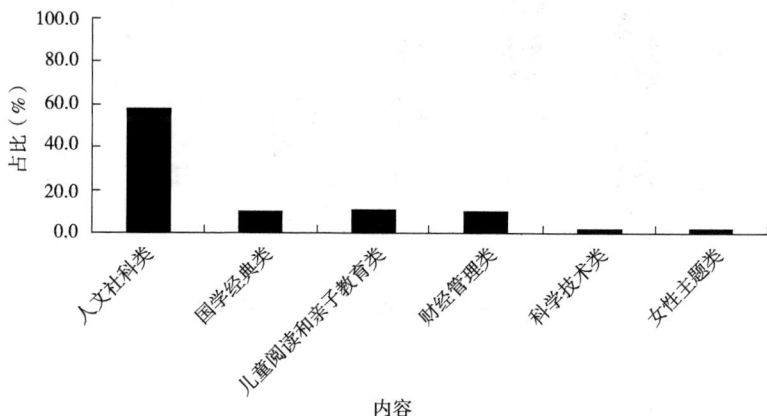

图 5-5　50 家民间阅读组织的阅读内容分布

五、参与人数

民间阅读组织的参加人数和规模会直接影响活动效果（见图 5-6）。调查中发现：参与者认为比较合理的人数规模依次为 11～15 人（占 31%）、10 人以下（占 26%）、16～20 人（占 21%）、21～25 人（占 14%）、26～30 人（占6%）、31 人以上（占 2%）。实际上民间阅读组织举办活动的人数以 10～20 人比较理想，效果最好。参与人数与民间阅读组织的活动方式有关，精读式、研讨式的阅读组织，人数偏少为好，而讲座式、朗读式等形式的阅读组织，人数可以多一点。

总之，民间阅读组织的参与人数比较合适的范围是 30 人以内，因为民间阅读组织活动方式主要分为精读式和讲座式两种，前者规模比较合适的人数是在 10 人以内，后者规模在 10～30 人之间为宜。

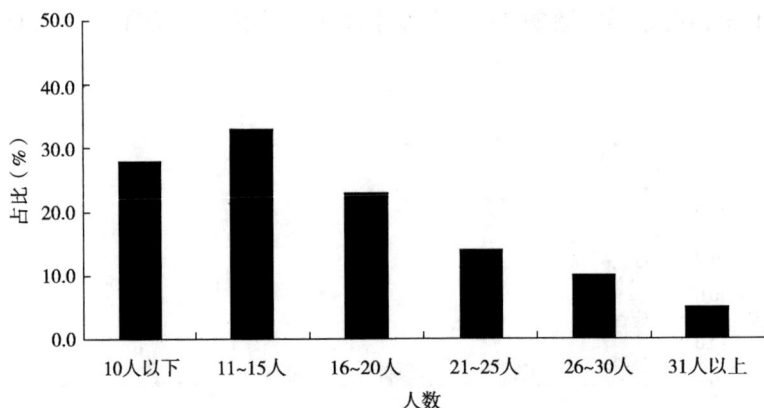

图5-6 50家民间阅读组织的参与人数分布

六、宣传渠道

57%的参与者从微博获得民间阅读组织的信息，41%的参与者通过微信获得民间阅读组织的信息，38%的参与者通过APP获得民间阅读组织的信息，35%的参与者通过豆瓣获得民间阅读组织的信息，28%的参与者通过朋友推荐获得民间阅读组织的信息，15%的参与者通过人人网获得民间阅读组织的信息，12%的参与者通过QQ群获得民间阅读组织的信息，9%的参与者通过媒体报道获得民间阅读组织的信息，还有5%的参与者通过短信等其他方式获得民间阅读组织的信息。可见，参与者获得信息的渠道是多方面的（见图5-7）。

民间阅读组织发布消息（见图5-8）主要通过QQ群（占67%）、微博（占56%）、微信（占52%）、豆瓣（占37%）、APP（占34%）、人人网（占28%）以及其他渠道（占16%，如短信、邮件、海报）。由此可见，民间阅读组织发布信息的渠道多种多样。

综上所述，可见民间阅读组织信息的输出方式和输入方式比较一致，未来民间阅读组织还需掌握更多的新媒体（微博、微信），而口碑式（朋友推荐）传播也不容小觑。

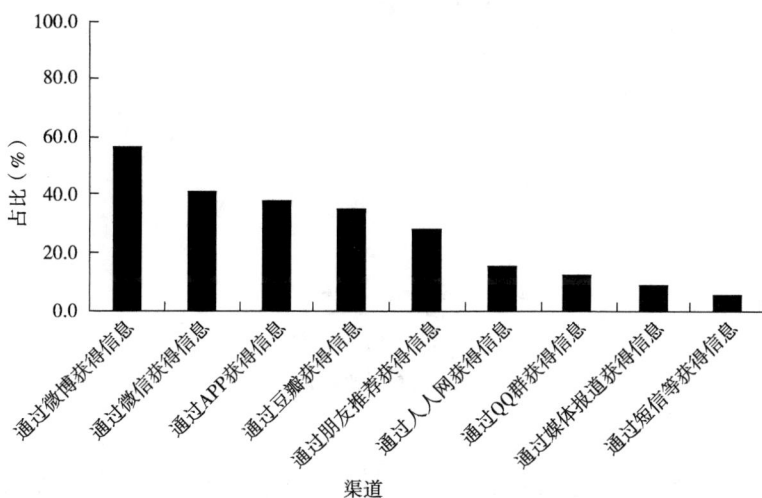

图 5-7　50 家民间阅读组织参与者获取信息的渠道

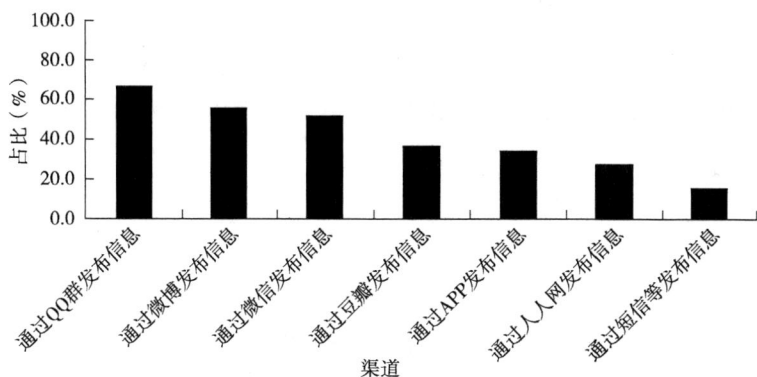

图 5-8　50 家民间阅读组织发布信息的渠道

　　总之，北京民间阅读组织发展迅速，为推广阅读做出了突出贡献。但从现代意义上的民间阅读组织角度评价，北京与瑞典、美国一些大城市和我国台湾地区的民间阅读组织发展水平相比，北京阅读组织尚处于起步阶段。

第六章　北京民间阅读组织的类型分析

在对北京民间阅读组织总体发展的调查基础上，为了更细致地了解北京民间阅读组织的发展状况，本书着重对 50 家活跃的民间阅读组织分类进行典型案例分析。但需要说明的是，阅读组织的类型是相对的，大多数民间阅读组织以一种类型为主，兼有其他类型。

民间阅读组织是由民间组织或个人主导创办的阅读组织，按照不同标准可将民间阅读组织进行不同的分类。民间阅读组织按形成方式划分，可分为自主性民间阅读组织和依附性民间阅读组织两类；按空间形态划分，可分为实体性民间阅读组织和网络性民间阅读组织；按阅读内容划分，可分为成人阅读类和儿童亲子教育类，成人阅读类又可分为人文社科类、国学经典类、科技经管类、心理健康和精神共修类等；按阅读活动组织方式划分，可分为以文本为中心的阅读活动和以文本为辅助的阅读活动；根据民间阅读组织的开放程度包括：人员情况、活动内容、管理方式等，可划分为开放式、半开放式和封闭式三种类型。现分述如下（见表6-1）。

表 6-1　北京民间阅读组织的类型一览表

序号	分类标准	类型		各类民间阅读组织代表
1	形成方式	自主性民间阅读组织		总裁读书会、一起悦读俱乐部
		依附性民间阅读组织		悠贝亲子图书馆、摆渡者大讲堂
2	空间形态	实体民间阅读组织		同道学园、燕京读书会
		网络民间阅读组织		十点读书、共识读书会
3	阅读内容	成人阅读类	人文社科类	沙之书读书会、单向街读书沙龙
			国学经典类	知止中外经典读书会
			科学技术类	创业联盟沙龙
			经济管理类	集智俱乐部
		亲子儿童类		蒲蒲兰绘本馆、第二书房
4	阅读活动组织方式	以文本为中心	研读型	燕坞集阙读书会
			精读型	同道学园
			享读型	阅读邻居
			讲读型	"爱思想的青年"读书会
			领读型	书香东城家庭领读人计划
		以文本为辅助	沙龙型	浩途家庭俱乐部
			讲座型	凤凰网读书会
			研讨型	集智俱乐部
5	开放程度	开放式		后院读书会、博雅读书会
		半开放式		燕京读书会
		封闭式		总裁读书会、凤凰网读书会

第一节　以形成方式为分类标准

民间阅读组织按其形成方式，可分为自主性民间阅读组织和依附性民间阅读组织两类。

所谓自主性民间阅读组织是几个人基于共同的阅读兴趣自发形成的具有独立性的民间阅读组织。这类民间阅读组织有 20 家，占总样本量的 40%。所

谓依附性民间阅读组织是由某个机构成立的民间阅读组织，并依托于某一机构运营，或者是因为承担机构的某一功能而由该机构派生形成。这类民间阅读组织有30家占总样本量的60%，并具有一定的职能属性。依附性民间阅读组织的主要类型有：

一是由媒体运营的线下民间阅读组织。比如搜狐读书会、腾讯思享会、腾讯大家沙龙、凤凰网读书会、识网读书会、金融博物馆读书会。

二是由儿童绘本馆或民间图书馆运营的民间阅读组织。这是目前影响最大也最受欢迎的民间阅读组织，目前在北京较有影响的如悠贝亲子图书馆、蒲蒲兰绘本馆、皮卡书屋、第二书房、爱丁岛亲子悦读馆、童立方童书馆等。

三是由书店和出版机构运营的民间阅读组织。一些民营书店所举办的读书活动的影响力已超过其图书销售功能，但实质上依然应是书店经营的一部分，如雨枫书馆、单向空间、字里行间、时尚廊书店等。

四是由出版机构举办的民间阅读组织。实质上是图书的销售推广，但功能上具有全民阅读推广的性质，如中央编译出版社摆渡者大讲堂、接力出版社的绘本课堂活动、青豆书房的家教讲座等。

五是在高等院校内部成立的阅读组织。大学内部阅读组织的形式很多：有的由教师带领专业团队，有的由学生组建兴趣小组，有的是个人自发行为或学生团体等按照一定的要求成立校内阅读组织。由于大学内部的各类阅读组织在整体上服务于青年学生求知与自我成长的教育功能，体现了大学机构的职能属性，因此都归属于由机构运营的阅读组织。这类读书会主要有中国人民大学兰台读书会、日知社，北京大学国政读书会、北京大学阅湖书社，北京师范大学辅仁读书会、嘤鸣读书会，华北电力大学的公共行政读书会等。高校内部的阅读组织稳定性和持续性不强，阅读内容与组织形态的变化性相对较大。

总之，由机构运营的阅读组织直接服务于该机构自身。另外，还有一些阅读组织并不属于机构的主要工作范畴，而只是一种附属的文化手段或者经营项目。这样的阅读组织有企业内部读书会、咖啡馆经营的读书会、诚品建筑阅读示范社区所举办的读书活动、天则西学经典品读会等。

第二节　以空间形态为分类标准

民间阅读组织按其空间形态可分为实体性民间阅读组织和网络性民间阅读组织。从北京民间阅读组织的活动情况看，各民间阅读组织大都具有线上组织传播与线下活动交流的双重特性。阅读以虚拟网络社群为主还是以传统线下活动为主，是区分民间阅读组织的一个重要维度和指标。所谓实体性民间阅读组织是指主要在实地的物理空间举办读书活动的民间阅读组织，目前大多数读书会属于这一类。所谓网络民间阅读组织是指主要通过网络空间举办读书活动的民间阅读组织，如一起读读书会等。互联网特别是移动互联网给人们的生活方式带来根本性变化，自媒体的发展让信息多维度传播和交流更便利。尽管如此，以虚拟网络社群为主的民间阅读组织也并非没有线下活动，但其主要功能是在线上完成的，其具体形态主要有：

一是以微信公众号为平台并定期组织线下交流活动的民间阅读组织。民间阅读组织基本上都有各自的微信公众号，服务于民间阅读组织的活动。以微信公众号为民间阅读组织平台的线下活动，目的在于打造和维护自媒体的影响力。这类民间阅读组织有不止读书、十点读书、童书妈妈三川玲等；也有以电子书为主要形式的民间阅读组织，如罗辑思维、樊登读书会等。总之，这类民间阅读组织大都实行收费会员制的运营模式。

二是以有声阅读为主要方式的民间阅读组织。这类民间阅读组织有王凯的凯叔讲故事、宏亮的喜马拉雅的心灵之缘读书会等。这种声线产品通常都有较为特定的针对人群。

三是以QQ群为主要平台的民间阅读组织。这类民间阅读组织中，新阅读

研究所最具代表性，其各个 QQ 读书群都进行了功能分类，并经常举办 QQ 群线上读书讲座和交流等活动。

四是以校园人人网为平台的民间阅读组织。这类民间阅读组织注重社交网络交流，比如富兰克林读书俱乐部、中国人民大学的络页读书会等都比较具有代表性。

五是以微信群为平台的民间阅读组织。微信群是目前应用最普遍的虚拟社群，微信群的阅读分享也成为目前流行的网络阅读方式。比如，一起悦读俱乐部线上的名著精读，采取一书一群的线上小型读书会方式。再比如共识网举办的读书会，虽然经常有线下活动，但他们的 VIP 会员收费活动是以微信群交流为常规形式开展的。

上述这些依托互联网、微信、微博等自媒体以及豆瓣等新媒体存在的网络民间阅读组织，是民间阅读组织的重要组成部分，其覆盖的人群越来越广泛。这类网络民间阅读组织相对封闭，过去对其关注不够，但随着我国上网人数的不断增加，这类民间阅读组织也越来越引起了人们的关注。

目前，众多线下民间阅读组织搭建自媒体平台，如微信公众号、微博大号、豆瓣小组等。民间阅读组织通过自媒体平台，发布活动公告、推送知识、分享信息，与读者建立黏性强、互动强的深度关系，通过社会化网络扩大自身影响力。民间阅读组织多数是公益组织，没有运营资金，管理方多属于兼职，传统媒体只是偶尔报道宣传。但构建了社会化媒体网络，民间阅读组织就有了自己的宣传渠道。民间阅读组织把阅读活动精华内容推送至微信公众号，不仅提升了阅读活动的关注度，也能通过媒体把图书资源辐射到更多读者，使没能参加线下活动的读者通过线上分享受益，从而实现了资源利用的最大化。民间阅读组织可在其自媒体平台上发布丰富、立体、多角度的阅读材料，充分服务读者。读者可以直接在微信、微博上留言、评论、私信，而且线上互动更私人化、更亲密、更具互动性，从而有利于更好地维护与读者的关系。

第三节 以阅读内容为分类标准

民间阅读组织根据其阅读内容可分为儿童亲子教育类和成人阅读类。成人阅读类又分为人文社科类、国学经典类、科技经管类、心理健康和精神共修类等。

一、儿童亲子教育类民间阅读组织

主要是以儿童和亲子教育类读物为主要阅读内容的民间阅读组织，这类民间阅读组织既包括儿童绘本机构，比如蒲蒲兰绘本馆、第二书房、悠贝亲子图书馆等；也有各类童书出版机构，比如新经典爱心树、启发文化传播、接力出版社等；还包括各种家长教育机构以及社区运营的机构，比如浩途读书会、爱丁岛亲子悦读馆、皮卡书屋等。在现今的儿童阅读推广领域，无论是专业的儿童阅读机构还是专业的儿童阅读推广人，也无论是童书的创作人还是童书的出版机构，都迎来了黄金发展时期。绘本的普及打开了儿童阅读前所未有的市场，儿童读物成为整个出版行业唯一能巨量增长的板块，亲子阅读与家长学习的理念也深刻影响了城市家庭。换言之，全民阅读推广最直接的效果体现在儿童阅读和亲子教育的普及上。无论是网络读书会还是线下读书会，参与人群最多的就是有孩子的家庭。在阅读类的微信公众号中，订阅量排前的大都是关于儿童阅读和亲子教育的微信公众号。在阅读微信群中，有关儿童阅读与亲子教育的话题讨论最为活跃。一起悦读俱乐部对北京地区阅读活动的跟踪观察和持续记录显示：儿童绘本阅读与亲子教育活动的频次最多，参与人数最多，同时也是商业化运营最成熟的。下面以皮卡书屋和三叶草故事家族为例来分析儿童亲子教育类民间阅读组织。

皮卡书屋是一家以社区为平台、培养社区儿童阅读习惯的少儿中英文图

书馆，2006 年由 4 位"海归"妈妈创办。经过十余年的探索和发展，皮卡书屋从 1 个馆发展到全国 6 个馆：北京 5 个、上海 1 个，全部设在大型社区附近，辐射社区及周边人口近百万。亲子读书会是皮卡书屋的重要运营内容。2017 年 6 月 10 日皮卡书屋举行了一场主题为给"未来的生物学家"介绍"昆虫养成记"的体验式读书会，从准备关于昆虫的故事书到介绍《昆虫运动会》《小蝴蝶的故事》等绘本故事，再到对昆虫身体结构、进化历史、对人类贡献的介绍，使小朋友们开始了一场神奇的昆虫世界探秘之旅，到最后自己动手制作昆虫标本。

三叶草故事家族是一个致力于推动亲子阅读进入家庭的民间公益组织。2008 年创建第一个 QQ 群，后来发展成为拥有 4 个自媒体平台、60 多个微信群、涵盖全国近 4 万个家庭的超级大家族。三叶草故事家族 2009 年首次提出绘本剧概念，即根据绘本故事改编成舞台短剧，请小朋友报名参加。绘本剧将平面阅读提升为体验式、立体式阅读，不仅极大地激发了孩子主动阅读的兴趣，还能提高孩子的想象力和自信心。三叶草故事家族 2019 年做了 1 437 场亲子阅读活动，约有 21 万人次参加，由此，绘本剧在全国遍地开花，成为亲子阅读的一道独特风景。

二、人文社科类民间阅读组织

这类读书组织主要是以人文社科类作品为主要阅读对象的民间阅读组织，如沙之书读书会、单向街读书沙龙等。下面以单向街为例来看人文社科类民间阅读组织。

单向街这一名字源自德国文学家瓦尔特·本雅明的著作——《单向街》。单向街以高品质的书籍推荐、免费的文化沙龙而闻名。2006 年传媒人许知远等 13 位年轻人共同筹资创办了单向街图书馆，并凭借"免费借阅图书、干净明亮的阅读空间、定期开展的高品质新书推介、开发的衍生产品、为公众提供的创新制作展示平台以及定期举办的文化沙龙"① 等深受大众欢迎。单向街的免费文化沙龙尤为引人注目，已成为单向街的传统品牌活动。从 2006 年 3 月诗人西川就作品集《深浅》在单向街举办首场讲座开始，迄今单向街已成功举办了上千场免费沙龙，总参加人次超过 20 万。沙龙主题涵盖了演讲、纪录片放映、艺术摄影展、诗歌朗诵等诸多文化形式，沙龙主讲人有评论家、乐评人、作家、导演、戏剧工作者以及陈丹青、梁晓声、赖声川等知名人士，读者与这些知名人士可以面对面交流。可见，单向街的文化沙龙更多是随性思想的交流和碰撞。

三、国学经典类民间阅读组织

此类阅读组织主要是面对成人以国学著作和古今中外经典作品为主要阅读内容的民间阅读组织，比如燕京读书会、清华大学西麓学社、知止中外经典读书会等。下面以燕京读书会来看国学经典类民间阅读组织。

燕京读书会是由燕京书院的陈达隆发起主持的。2008 年 6 月 7 日成立的燕京读书会是以国学爱好者为对象、以传承中华生命智慧为目标的修学团体组织。燕京读书会以精读儒释道经典为内容，以会员自学为主、教授指导为辅，是一个免费、开放式的阅读平台。燕京读书会是民间自发组织的纯公益性、开放性的国学学习平台，不求热闹的活动形式，不做商业和宗教宣传，专注经典研读，注重切己自修，十余年来组织会员通读"四书"两遍，目前正在开展第三遍通读。除了反复研读《论语》《孟子》《大学》《中庸》，还研读《传习录》《老子》《庄子内篇》《出土竹简五行篇》。目前已学习了《史记》的相关部分、相关注疏文献和少数佛学经典，累计举办活动 453 次，参加人数达到上万人次。

---

① 黄燕妮. 借鉴单向街经验开展公共图书馆沙龙活动 [J]. 河南图书馆学刊, 2015 (10)：35-29.

第四节　以活动组织方式为分类标准

民间阅读组织按活动组织方式可分为以文本为中心的阅读组织和以文本为辅助的阅读组织。

一、以文本为中心的民间阅读组织

（一）研读型阅读组织

研读型阅读组织强调的是多人围绕某一文本进行研究性阅读。这类民间阅读组织以燕坞集阙读书会为代表。燕坞集阙读书会成立于 2008 年，其以《论语》《孟子》《道德经》《庄子》《左传》等传统文化典籍为阅读对象，以好学、通经、达士、力行为宗旨；其成长过程有三个显著特点：一是基于文本；二是发言权以出勤为依据，将出勤作为一个重要考核指标；三是不依托任何机构或者组织，强调自身的独立精神。

（二）精读型阅读组织

精读型阅读组织强调的是多人围绕某一文本进行精细阅读。同道学园是这类民间阅读组织的代表。同道学园成立于 2012 年 11 月，是国内首个社群式教育实验室。同道学园致力于发展自我发现、互学共修、协同成长的社群式教育，开启了互联网时代的教育变革；其宗旨是"深度阅读，格致自我"，即通过有深度的阅读，提高自己的思想水平，改变自我的精神格局。同道学园以推广深度阅读为使命，努力提供一个深度阅读的公共空间，致力于探索中国通识教育和人文素养提升的民间路径。至今为止，同道学园已举办超过 60 场公开讲读会活动和 90 场精读会活动。同道学园秉承"以文本为基础、以问题为导向"的阅读理念，组建"认识自己""认识社会""品读文学""与学者一起读"等系列人文经典精读会，提升思想与培养能力并重，有利于全面提高人文素质。

（三）享读型阅读组织

享读型阅读组织强调的是多人围绕某一文本相互分享阅读体会。阅读邻居是这类民间阅读组织的代表。社区书店在一定程度上体现了社区的文化品位和阅读氛围，也可以成为社区的文化交流场所和生活方式。小有名气的读易洞使书店不仅成为一种卖书的商业模式，而且成为一种融合交际功能的复合型场所，把阅读变成分享和交流。"在社区里，它是邻居的朋友来访时显摆的景点，对自由职业者而言是个像单位的去处，对男人而言美其名曰上进的家务避难所，它还是大人在餐馆吃饭时给闹腾小孩的安置地，家门口不掉面子的社交场，聊天上网喝茶需要消费的居委会。"书店负责人邱小石这样评价读易洞书店[①]。阅读邻居是依托读易洞书店建立的一个民间阅读组织。阅读邻居读书会成立于 2012 年，立足于社区，秉持着"阅读需要分享"的理念，把"邻"的概念强调为地域上的在场和精神上的共鸣。选取了人人参与、人人发言的方式，鼓励每个参与者说出自己的观点。

（四）讲读型阅读组织

讲读型阅读组织是指由一个或多个主讲人针对某一文本进行讲解。"爱思想的青年"读书会是这类民间阅读组织的代表。"爱思想的青年"读书会成立于 2012 年 8 月，其主讲人主讲的书籍包括：文学、国学、历史、哲学、古典学、心理学、政治学、经济学、人类学、科普等经典书籍（以人文社科为主，以自然科学为辅）。作为一个面向民间的公共平台，"爱思想的青年"读书会的宗旨是青年人的自我通识教育，致力于提高青年人的通识水平和人文素养，培养具有独立人格与自由精神的健全公民，由此为任何热爱阅读与思考的年轻人提供提高素养、开阔眼界、表达观点、分享故事、找寻灵魂知己（甚至是伴侣）的

---

① 书评周刊·书香地图·社区书店．阅读邻居［N］．新京报，2012-06-09（C06）．

机会。"爱思想的青年"读书会的核心是"爱思想",旨在通过持续的读书研讨活动,培养和鼓励青年人把严肃阅读和认真思考当作一种生活方式,最终目的旨在"立人"。"爱思想的青年"读书会通过开设由青年人主导的普及讲座和学术沙龙,实现"将学术带入民间,让思想流向现实,令智慧产生激荡"的初衷。

(五) 领读型阅读组织

领读型阅读组织指的是一个人带领和引导众人进行阅读。领读者一般带有明显的意见领导力,易于成为读书活动的意见领袖,其对阅读对象有更深的介入和更丰富的阅读活动经验,有较强的阅读能力或组织能力。因此,各类阅读推广机构非常重视领读人的培养和培训。比如北京市东城区 2019 年推出"书香东城家庭领读人计划",遴选出五十多名领读人前期接受系统培训,进而使其深入各个社区帮助成立和组织读书会。总之,领读作用发挥得好,民间阅读组织的阅读活动就可以得到立竿见影般的效果。

二、以文本为辅助的民间阅读组织

(一) 沙龙型阅读组织

沙龙型阅读组织指的是多人围绕某一话题进行对话,对话涉及相关文本的阅读。浩途家庭俱乐部是这类民间阅读组织的代表。浩途家庭俱乐部成立于 2006 年 8 月,其定位是:一个大家帮助大家的育儿组织,一个生活中的修炼场;其宗旨是:助力父母自我完善,成就孩子独立人格。浩途家庭俱乐部服务于成长型父母,十几年共组织 2 000 余场家长沙龙,采用沙龙共修和公益分享的模式组织阅读,阅读的书目有《如何说孩子才肯听,怎么听孩子才愿说》《正面管教》《倾听孩子》《父母效能训练》等。浩途俱乐部协助父母自身成长,鼓励父母用在读书会的体验指导育儿。其中,浩途俱乐部的一大特点是紧跟互联网发展趋势,将活动从线下分享延展到线上,线上微沙龙和线上公益分享是其新的变化。

（二）讲座型阅读组织

讲座型阅读组织是指由一名主讲人针对某一话题或主题发表演讲，话题涉及相关文本的阅读。凤凰网读书会是这类民间阅读组织的代表。凤凰网读书会是凤凰网读书频道线下文化讲座，每月 2~3 期，邀请文化圈知名人士进行作品交流以及读者见面会。作为一个特殊的读书媒介平台，凤凰网读书会始终坚持"分享好书，深度思考"，于阅读中找寻思想养料，传播知识，分享不同文化。

（三）研讨型阅读组织

研讨型阅读组织是指多人围绕某一主题进行研讨活动，研讨中涉及对主题相关文本的阅读。集智俱乐部是这一类民间阅读组织的代表。集智俱乐部在 2003 年创建，倡导以平等开放的态度、科学实证的精神进行跨学科的研究与交流，力图搭建一个中国的"没有围墙的研究所"；其使命是"营造自由交流学术思想的小生境，孕育开创性的科学发现"，口号是"让苹果砸得更猛烈些吧！"集智俱乐部的交流和活动从 2008 年开始由虚拟世界走向现实，并尝试发展现实世界中的学术组织，其活动有开放式的讲座与交流，以及其他主题小组活动。

第五节　以开放程度为分类标准

民间阅读组织可根据其开放程度包括：人员情况、活动内容、管理方式等，归纳为开放式、半开放式和封闭式三种类型。开放式阅读组织以后院读书会、博雅读书会为代表；半开放式阅读组织以燕京读书会、同道学园为代表；封闭式阅读组织以总裁读书会、凤凰网读书会为代表。调查发现：大多数民间阅读组织选择了半开放式的运营模式。

一、开放式民间阅读组织

以享读会和沙龙活动为主要活动形式的民间阅读组织开放程度较高。参与人员和组织人员属于自愿参加和组织，没有严格的规章制度，参与人员没有会员限制和资格要求，较为松散。开放式阅读组织活动形式多样，活动交流不局限于书本，茶话会、影视欣赏等都可作为活动形式。举办活动过程中主持人仅起到引导作用，活动效果深受参与者的影响。以阅读邻居读书会为例来看这类民间阅读组织。

阅读邻居读书会定期（一个月一次）举办，地点固定，立足于社区。其秉持"阅读需要分享"的理念，强调地域上的在场、精神上的共鸣。每次阅读邻居读书会不仅有主题阅读和好书分享，参与者也会公布阅读书单，分享阅读心得。这类阅读组织由于开放性高，限制性少，可以不断纳入新成员。其中双向交流是参与者互相分享的一种模式，即主讲人不占主导地位，主导权交给参与者，组织者和参与者之间边界不明显，地位平等，容易互相转化，有利于充分讨论和共享阅读心得。

二、半开放式民间阅读组织

以研读和精读为主要活动内容的民间阅读组织大都具有一定的开放程度。参与人员有一定的资格限制，比如对活动对象要有一定文化底蕴等。具体活动规则由组织者制定，阅读内容、活动流程通常由组织者掌控。以同道学园为例，同道学园偏向学术路线，普通人很难融入和参加，往往吸引有思想的精英人士。同道学园多依赖于组织者的筹划和举办热情，参与者难以融入决策的环节，只是为了获得知识参加读书会活动，积极性不能得以充分发挥。因此，就这类民间阅读组织而言，活动要取得好的效果，最重要的是组织者对阅读文本的选择和体验以及参与者对文本的深入理解和清晰思考。

三、封闭式民间阅读组织

这类民间阅读组织的活动内容通常服务于所隶属的机构，活动形式无法统一。封闭式阅读组织一般设有会员制，参加者需提前预约并有严格的资格审查。在制度方面要求更加严格，对活动流程、参与者身份等都有规定。以总裁读书会为例，其宗旨是挖掘顶级的商业智慧，传播最具价值的商业思想和商业经验，推进中国新商业文明进程。总裁读书会会员以大中型企业高管、中小企业主、职业经理人等具有本科以上文化程度，或者企业年销售额百万以上，经资格审查符合条件者为发展对象。总裁读书会理事会为组织者，下设秘书处为策划者和管理者，秘书处统一负责读书会的各项事宜，包括活动主题、活动形式以及参与人员。这类民间阅读组织大都依托于某专门机构而形成，并且为该机构服务，以间接或直接方式达到机构宣传的效果。参与者和主讲者之间交流地位并不平等，只有在保证主讲者发言权和流程设计的基本秩序的前提下，参与者才可以提问和讨论，参与者没有充分的话语权。可见，此类阅读活动的开展形式类似课堂授课。

第七章　北京民间阅读组织的运营模式

不同类型的民间阅读组织有不同的运作模式。本章通过例证阐述商业性民间阅读组织和公益性民间阅读组织这两种阅读组织的运营模式，并归纳总结其运营特点。

第一节　商业性民间阅读组织的运营模式

盈利性民间阅读组织的运营主体主要为民办非企业单位，运营方式主要为会员制收费、与政府或其他社会机构合作等；运营内容主要有图书及文创产品售卖、内容知识付费等；运营对象为中青年知识群体及儿童；运营渠道主要是以城市社区为依托，发展线下分会。

一、悠贝亲子图书馆模式

国内第一家推广亲子阅读的专业机构悠贝亲子图书馆（以下简称"悠贝"）成立于 2009 年，总部位于北京，是向亲子家庭提供阅读规划、指导服务的线下专业阅读机构。2018 年被评为第八届"书香中国·北京阅读季"年度优秀阅读推广机构和全民阅读年会"全民阅读十佳推广机构"。2019 年悠贝已在全国 300 个城市建成了 3 000 多家悠贝亲子图书馆，其开创性地摸索出一套"无处不嵌入、凡人皆合伙、人人微创业"的运营模式。悠贝为加盟会员提供的服务包括：提供专业、个性化的亲子阅读咨询指导；举办精彩独特的亲子阅读主题活动；提供会籍期内不限次数的持续借阅服务；参与出版发行机构活动深度解读经典绘本等。悠贝系统培训和管理体系包括：邀请国内外专家对阅读顾问进行培训；建立阅读学院、成长俱乐部；建立线上交流社群，开设父母育儿知识教育、线上讲故事等多个模块项目；举办线下专家讲座、绘本精读会、亲子沙龙等活动（见图 7-1）。

图 7-1　悠贝亲子图书馆品牌标识

二、第二书房模式

第二书房是国内首家以家庭教育为主题的社区连锁图书馆，也是一个以阅读为载体的社区社交平台，2013 年第二书房的橡树湾图书馆被评为北京十大社区组织，现已在北京、大连等地建成二十余家分馆。第二书房致力于从小培养孩子的阅读兴趣，旨在营造人们身边的阅读空间，打造以阅读为载体的社区社交平台。第二书房主要合作模式是官助民营，积极与政府开展合作，比如第二书房金中都分店通过与北京市西城区文化委员会等单位合作，享有

政府提供的会员办卡补贴、免费场地和资源的推广服务，而第二书房主要负责图书馆的运营。第二书房以会员制为主要运营模式，办卡会员每次最多可借阅六本书。第二书房还建立了"漂流书包"活动，书包内包含以儿童家庭教育为主要内容的不同主题的图书，包括绘本、科普百科、儿童文学等。换句话说，每一个漂流书包都是一个流动的图书馆。可见，通过图书漂流的方式扩大阅读影响力，不仅是对知识的传播，也是对图书资源的共享、阅读习惯的培养，对全民阅读具有良好的推动效果。

三、樊登读书会模式

中国互联网络信息中心（CNNIC）统计调查显示，截至 2020 年 12 月，我国网民规模达 9.89 亿，较 2020 年 3 月增长 8 540 万，互联网普及率达 70.4%；我国手机网民规模达 9.86 亿，较 2020 年 3 月增长 8 885 万，网民使用手机上网的比例达 99.7%。可见网民的上网设备进一步向移动端集中。微信公众号和移动应用端以贴近内容服务和垂直服务、社群聚集为目标，从 PC 端分走大量用户。正因如此，作为创新型知识付费与会员制模式相结合的樊登读书会受到普遍关注。

樊登读书会成立于 2013 年，是一个基于移动互联网和社交新媒体、线上与线下相结合的阅读分享 O2O 社区。（O2O 是 Online To Offline 的三个单词的首字母，而 Online To Offline 的中文意思就是指将线下的商务机构与互联网结合，使互联网成为线下交易的前台）以图文、音频和视频等多样化方式对图书进行解读是樊登读书会的核心竞争力，其发展线上社群讨论组，同时积极发展分会开展线下活动。樊登读书会的线上微信讨论群成员数量很多，活跃度很高，会定期举办丰富多样的阅读主题活动。樊登读书会的盈利模式主要是会员制——会员每年会费 365 元，入会后即可享有价值 6 500 元樊登读书会全年阅读 VIP 服务。同时，会员也会享有很多线上线下的特色服务。免费的会员阅读类活动包括书友会、阅读主题沙龙、观影等特色服务，会员还可以优先参加读书会线下活动。另外，会员入会后可申请发展成为读书会推广大使，拥有专属二维码，每介绍一个会员入会即可享有一定的学习基金奖励。学习基金以现金的形式存在，推广大使自主决定用来续费或提现。2016年11月7日樊登读书会的全国首家线下实体书店在泉州正式开业。线下书店的开设，不仅为更多的人提供阅读服务，也逐渐扩大了樊登读书会在社会上的影响力，有利于更好地开展阅读推广服务，推动全民阅读。

综上所述，盈利性民间阅读组织的商业运营已"驾轻就熟"，资金来源主要通过自身运营而获得，由于合作方较多，以及自身策划的多种付费产品及活动，不缺乏人员、场地、资金的支持。相对而言，商业化运营的民间阅读组织更容易形成强大的自我发展机制，也更为活跃，而如何让处理好运营中盈利产品与阅读推广的关系成为商业化运营模式的主要问题。

第二节 公益性民间阅读组织的运营模式

公益性民间阅读组织的运营主体主要包括阅读团体、公益基金会和个人，运营方式为培养义工和阅读推广人员、与社会多方开展合作来运营民间阅读组织。运营资金主要来源于政府资助、社会捐赠和个人出资。运营内容主要是阅读分享与推广。运营对象主要面向社会广大人群。运营渠道主要是与高校图书馆、公益基金会、出版社、媒体、书店等合作方开展公益活动，推广阅读。其线上邀请嘉宾组织讲座或主题讨论，线下定期组织书友会和阅读推广活动。

一、知止中外经典读书会模式

知止中外经典读书会以中国社会科学院中青年学者为骨干，以不同人文

社会学科的交叉比较为视野，意在"大师寥落、传统不彰之际，选定中外宗教、哲学、思想、历史类等名著若干部，展开精读和严肃探讨，挣脱时间、空间之阈限，融通本土文化之思想精华，以为中华文化、思想之再造探索可资进取之途径"，由此激发学术、思想之开放性、互补性与活力。知止中外经典研读活动包括：

第一，每周二下午 13：30～16：30 在中国社科院社科书店举办日常研读活动。每部经典研读周期为两年左右，若特别繁难者，则可视具体情况延长，中外经典交叉阅读。

第二，每月最后一个周末举办读书学术沙龙活动。邀请与在读经典相关的知名专家学者莅临演讲，并寻求与会所、酒吧、美术馆、画廊、咖啡厅、茶楼等社会或公共空间进行合作，增益认知视野，共享思想盛宴。

第三，线上经典讲读活动。自 2015 年 10 月 14 日起，知止中外经典读书会在微信平台推出线上经典讲读活动，每晚 20：00～20：30 由读书会理事、志愿者及特邀学者轮流为群内学友讲读经典。

二、快乐小陶子读书会模式

快乐小陶子是一个以户外流动儿童为主要目标人群、为 0～14 岁儿童家庭进行亲子阅读指导的教育公益工作室。其类似一座流动的儿童图书馆，活动选择在如公园、广场等自然环境中开展，以便于开展延展性的互动游戏。目前"快乐小陶子"在全国有 150 多家流动儿童图书馆，核心志愿者超过 200 名，参加人群既有普通市民，也有保安、清洁工、保姆等人群，服务的儿童有流动儿童、留守儿童、孤儿、残障儿童等。比如快乐小陶子龙潭公园站已走进第八个年头，其中有家长成为"小陶子"的义工，有家长把"小陶子"的理念复制、孵化出更多的快乐"小陶子"。

第三节　民间阅读组织的日常运营

通过实际走访数家民间阅读组织的活动，可总结出一个民间阅读组织的正常运作要进行的日常事务，主要包括：书目或专题的选择、成员的招募、场地和设备的准备等。

一、参与成员的招募

目前，多数民间阅读组织都是通过线上渠道发布活动信息、召集读者或会员，并且有些民间阅读组织的线上传播渠道不止一条（如图7-2所示）。在100个调查对象中，71%的民间阅读组织经常借助微信公众号进行线上信息发布或召集活动；53%的民间阅读组织经常借助微信群；22%的民间阅读组织常借助QQ群；15%的民间阅读组织经常借助微博；10%的民间阅读组织经常借助官网。此外，还有17%的民间阅读组织选择其他线上渠道进行信息发布或活动召集，比如"豆瓣小组""互动吧APP"等线上工具。

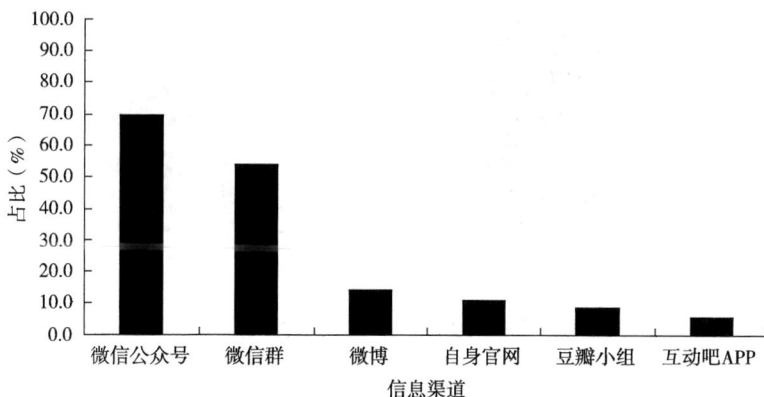

图7-2　民间阅读组织信息发布渠道

为广泛吸纳书友和保证每次参与活动的人数，大多数组织者会利用网络

平台发布活动信息，主要包括三个渠道：一是第三方活动平台，如活动行、互动吧、豆瓣等；二是专门开设公众号发布活动信息；三是直接发布在 QQ 群、微信群。书虫、无趣、拆书帮等读书会的微信群人数都已超过 300 人，通常一个民间阅读组织会根据不同的主题分为几个分群。此外，亲友之间的推荐也成为民间阅读组织书友招募的重要方式之一，而书友之间的相互介绍也会带动不同民间阅读组织的书友互相流动。

二、参与人员调查

我们发起了 100 份"民间阅读组织问卷调查"，对参与人员的性别、年龄、专业、行业、职业、职位、学历、工作年限、收入等基本信息情况进行了调查，现分析如下。

（一）性别分布

参加民间阅读组织的人员中男性有 42 人，占 42%；女性有 58 人，占 58%（见图 7-3）。可见女性比例偏高，女性更乐于参与民间阅读组织的集体性活动。

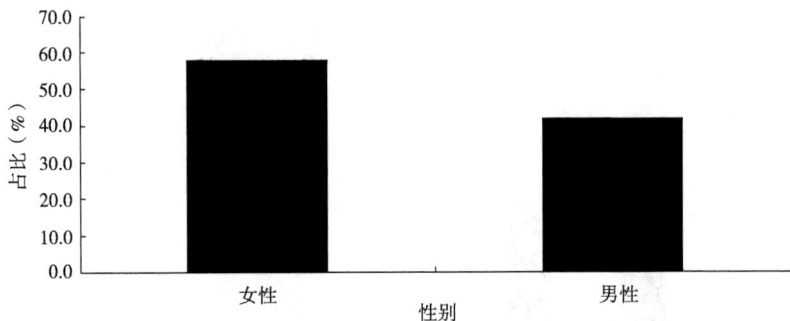

图 7-3　参加民间阅读组织性别分布

（二）年龄分布

参加民间阅读组织的人员中 18~25 岁人员最多，有 46 人，占将近一半（占 46%）；其次为 26~35 岁人员，有 33 人（占 33%）；再次为 36 岁以上人员，有19人（占19%）；而17岁及以下人员仅有2人（占2%）（见图7-4）。

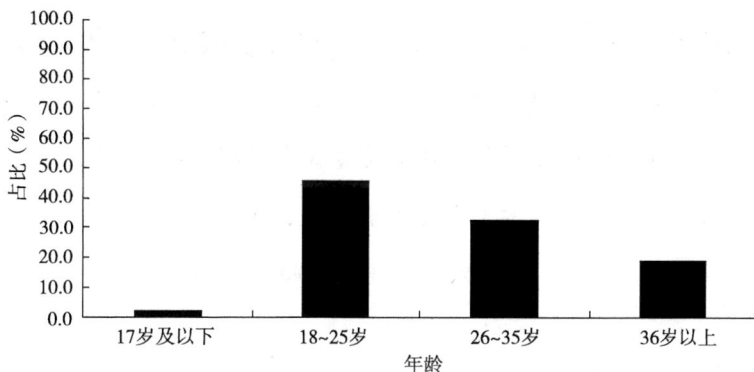

图7-4 参加民间阅读组织人员年龄分布

（三）学历分布

参加民间阅读组织的人员中专科及以下学历者16人，占16%；本科及其以上学历者84人，占84%。其中，本科学历者51人（占51%），硕士学历者27人（占27%），博士学历者6人（占6%）（见图7-5）。由此说明，参加民间阅读组织的人员基本上由接受过高等教育的人员组成。高学历人员成为参加民间阅读组织的主流。由此可见，越有知识的人越能认识到自身知识的匮乏，越渴望获得更多充实和完善自己的学习机会。

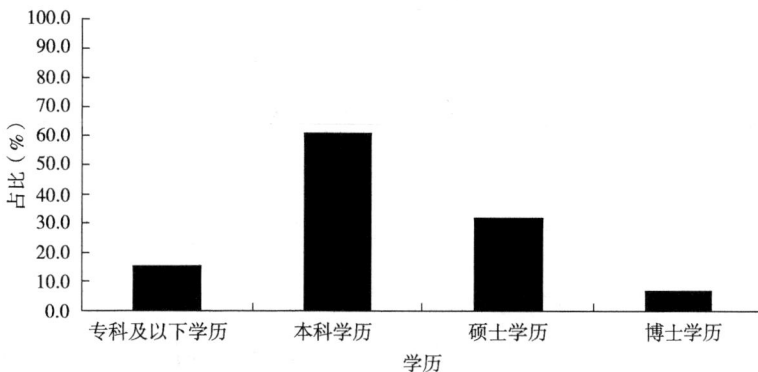

图7-5 参加民间阅读组织人员学历分布

（四）学科分布

参加民间阅读组织的人员在文理工农等各类专业均有涉猎，在调查问卷其他选项中所填专业主要有心理学、医学等专业。其中，文史类专业人员最多27人，占27%；其次为经管类专业人员20人，占20%；再次为理工类专业人员17人，占17%；接下来是新闻类专业人员将15人，占15%；法学类专业人员9人，占9%；艺术类专业人员4人，占4%；心理学类专业人员4人，占4%；医学类专业人员4人，占4%（见图7-6）。

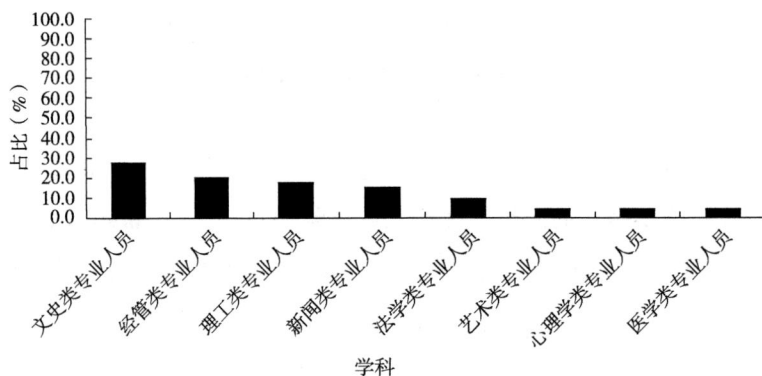

图7-6　参加民间阅读组织人员的学科分布

（五）行业分布

参加民间阅读组织的人员所在行业主要在高等院校有45人，占45%，这是因为民间阅读组织的人员主体是学校学生。其次为校外教育培训类行业人员17人，占17%；新闻媒体出版类行业人员16人，占16%；社会咨询类行业人员8人，占8%；机关公务员行业人员6人，占6%，其他行业人员8人，占8%（见图7-7）。在其他行业选项中，多数人员从事服务业。由此可见，与民间阅读组织最密切相关的人群有学生、教育培训人员、新闻媒体人员、出版人员等，这些人群的工作与阅读本身关系比较密切，或与社会其他人群有较多接触。总之，民间阅读组织活动对于这些人而言不仅满足了求知欲，也提供了社交的机会。

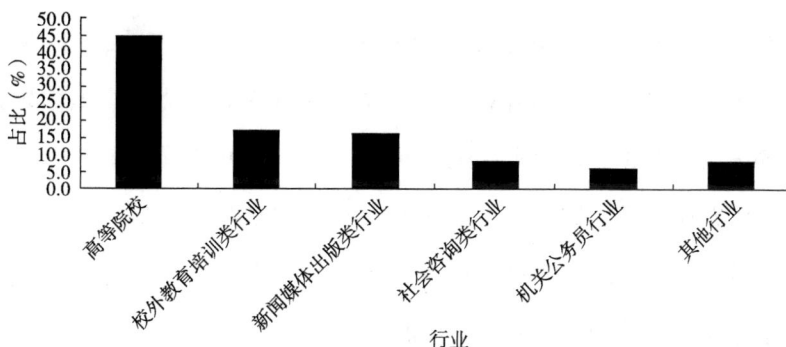

图 7-7　参加民间阅读组织人员的行业分布

（六）职业分布

参加民间阅读组织的人员中大学生 48 人，占到 48%；教师及研究人员 10 人，占 10%；企业管理人员 10 人，占 10%；记者及编辑 9 人，占 9%，这三类从业人员所占比例相差不大；技术开发人员、自由职业者分别有 7 人，各占 7%；律师、法官 3 人，占 3%；销售人员 2 人，占 2%。其余人员的职业为导演、咨询从业人员等其他职业占 4%（见图 7-8）。由此可见，民间阅读组织的目标人群主要是学生和普通职员，成人中教师、研究者、管理人员、记者偏多。

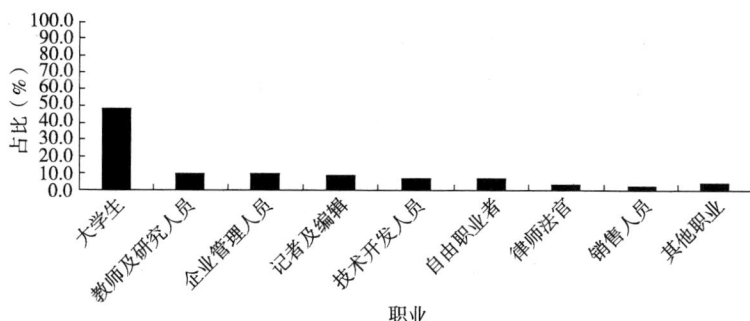

图 7-8　参加民间阅读组织人员的职业分布

（七）职位分布

参加民间阅读组织的人员中大学生有 48 人，占 48%；普通职员 29 人，占到 29%；基层管理人员 10 人，占 10%；中层管理人员 7 人，占 7%；高层管理人员 3 人，占 3%；在其他选项中，相关人员为创业人员、退休人员、全职太太等 3 人，占 3%（见图 7-9）。由此可见，民间阅读组织的主要受众群体是学生和普通职员，这类人群的求知和社交需求相对旺盛。一般而言管理人员社交较多，而且级别越高出席社交场合就会越多，因此管理人员对通过民间阅读组织寻求社交的愿望并不强烈。

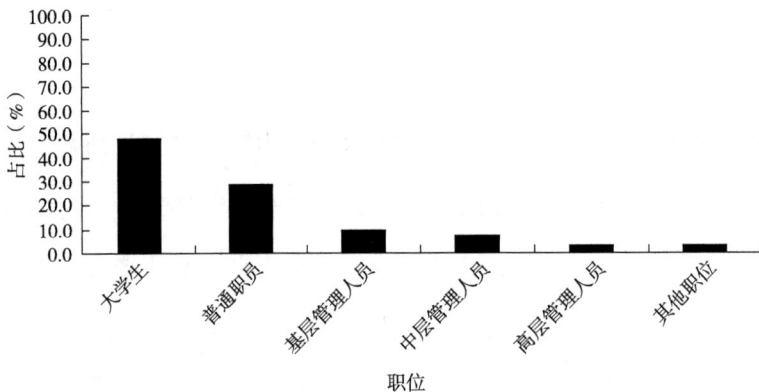

图 7-9　参加民间阅读组织人员的职位分布

（八）工作年限分布

参加民间阅读组织的人员中学生居多，所以将近一半（占 48%）人员的工作年限在一年以内，工作 1~3 年人员 13 人，占 13%；工作 3~7 年的人员 17 人，占 17%；工作 7~10 年以上的人员 13 人，占 13%；10 年以上的人员 9 人，占 9%（见图 7-10）。通常工作压力、工资收入与工作年限有一定联系，工作 3 年之内（占 61%）的人员，往往没有太多时间、精力、金钱用于参加民间阅读组织，所以民间阅读组织者向会员收费时，需要考虑相关人员的承受能力。

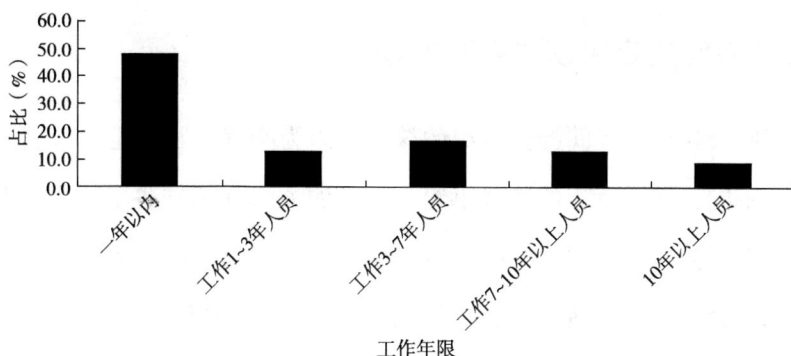

图 7-10　参加民间阅读组织人员的工作年限分布

（九）收入分布

民间阅读组织参加人员因为大部分是大学生（48 人），所以其每月的收入（奖学金、助学金、父母资助等）在 2 000 元及以下；每月收入 2 000～5 000元的人员 25 人，占 25%；每月收入 5 000～8 000 元的人员 17 人，占17%；每月收入 8 000 元以上的人员占 10 人，占 10%（见图 7-11）。收入对参加民间阅读组织的影响不明显，这说明部分民间阅读组织准入的经济门槛不高，有的阅读组织甚至可以免费加入，可见民间阅读组织的公益性较强。

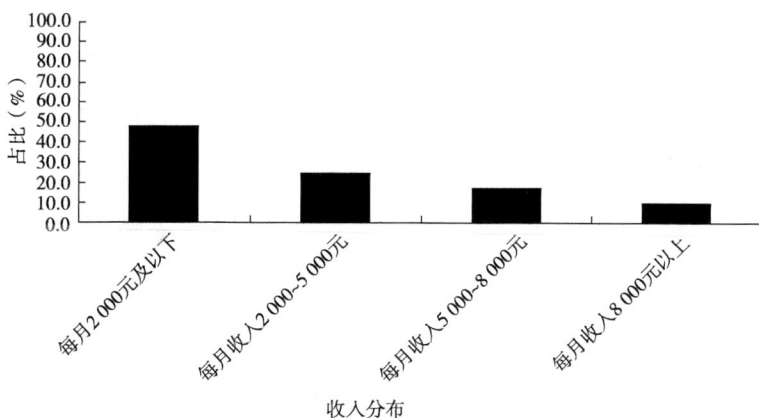

图 7-11　参加民间阅读组织人员的收入分布

三、如何确定阅读材料和专题

选择阅读材料是民间阅读组织的核心，因为阅读材料决定被吸引的人群和数量。不同民间阅读组织选择书籍、专题的方式和标准各不相同。最初取决于组织者对其民间阅读组织的价值定位，而随着活动经验的累积和书友反馈，组织者会不断调整阅读书籍和专题。通常包括三种方式。

（一）由分享人自行决定所要分享的阅读材料

活动开始前，发布活动信息招募分享人，分享人的数量由组织者控制。比如书虫部落在周一场的"说书人"活动，其在正式活动开始前一个月会开始招募4到5名主讲者，由主讲者自行选择一本研究并准备18分钟的演讲。主讲者需在正式分享的前两周将所选书单和辅助材料告知组织者。

（二）只确定活动的主题，不规定具体的阅读材料

比如面向都市白领群体的无趣读书会，其周一活动定位为管理场，曾举办过以"时间管理""项目管理""如何高效阅读一本研究""如何从平日生活中获得影响力"等为主题的读书分享活动。

（三）提前商讨、确定阅读讨论书单

讨论书单通常会从经典名著、畅销书或一些知名作家的作品中挑选。据统计，民间阅读组织较多选择文学、管理、成长励志、人际关系类的书籍，较少选择专业技术类书籍。书单的选择也会受性别因素的影响，男性读者更偏向历史、军事、经济和政治类图书，女性读者则偏向文学、人际关系和健康类图书。再者因中西文化的碰撞与融合，西方管理类、经济类畅销书籍也受到部分民间阅读组织的热捧，我国传统的经典文学作品如《红楼梦》《论语》《史记》等也成为多个民间阅读组织的阅读文本。由于一个民间阅读组织必须建立其核心读者群，所以选书是其活动组织的关键步骤。下面以阅读邻居为例分析如何选书。

2016 年底阅读邻居就如何选书进行了讨论。阅读邻居曾经的选书方式是参与者对所要讨论的图书有把握后，通过讨论传递增加书的价值。自 2016 年开始，开始采用投票选书方式，类似发起一个兴趣阅读，邀请有兴趣的人一起读这本书，这种推荐方式存在一定风险，即当读友投入时间读完后，可能发现书的讨论空间比较小，无法发挥讨论的效果。此外，选书主题设计也存在一定难度，比如深度阅读通常会强调读经典，但这种阅读属于求知阅读，很难和生活相结合，因此不适合作为交流主题。难以产生共鸣的科学书也同样不适合集体共读。除组织共读之外，阅读邻居还有一些延伸业务，比如邱小石运作的"DIAO 计划"，具体运作方式是：组织者挑选最喜欢的书，定总价，成套销售，购买者收到什么书就接受什么书。同时，为了回报购书者的信任，组织者对为什么读这本书及怎么读进行说明，并做成 DIAO 包微刊。每期读书会的速记都会定期发布在其公号上，当期主编可以自己设计各种方式与 DIAO 友互动，包括但不限于征稿、答问、抽奖等。

（四）在什么地点、以什么方式阅读

选择合适的场地或联系固定的活动场地是民间阅读组织者需要解决的问题。民间阅读组织通常选择咖啡馆、茶馆、书店等营业性场所，也有民间阅读组织负责人成立小型活动室，费用由参加活动的成员共同承担，一次活动每人支付 20~30 元。民间阅读组织还会与社区、青创中心、图书馆、企业合作借助其场地联合举办活动，从而拓宽阅读活动的覆盖面。在民间阅读组织实际运作过程中仍面临不少困境，如缺乏场地和人员支持、有效的管理方式以及政府的政策、经济支持等。

第八章　品牌化阅读推广分析

全民阅读事业的推动与深入，如果单靠政府的力量，因为人力、经费、机制、办法等条件的制约，显然是不够的，所以还需要包括民间阅读组织在内的社会各界人士的共同努力。就民间组织而言，它具有区域性、专业性、自主性等多种特性，其所组织的阅读活动，往往更能贴近社会需求。在北京市相关部门的指导下，民间阅读组织以推进全民阅读品牌化建设为抓手，积极参与"阅读北京""书香中国·北京阅读季"等书香城市建设，发挥了不可替代的重要作用。

第一节　国外民间阅读组织的品牌化阅读推广

"品牌"一词来源于英文单词 brand，原意是指打在动物身上的"烙印"，用于区别不同的饲养者。20 世纪 50 年代美国学者大卫·奥格威第一次明确地提出了"品牌"的概念①。从 20 世纪 80 年代开始，品牌研究成为管理领域最

---

① 薛可，余明阳．品牌学通论［M］．北京：高等教育出版社，2013.

重要的课题之一，并在营销理论和实践中得到广泛应用。一般意义上讲，品牌是一个名称、术语、标记、符号或设计，或是这些元素的组合，用于识别一个销售商或销售商群体的商品与服务，并且使它们与其竞争对手的商品与服务区分开来①。随着品牌理论和实践的发展，品牌被赋予了更多的内涵，"品牌不仅仅是一个区分的名称，更是一种综合的象征；品牌不仅仅掌握在品牌主手中，更取决于消费者的认同和接受；品牌不仅仅是符号，更要赋予形象、个性和生命；品牌不仅仅是短期营销工具，更是长远竞争优势和最有潜在价值的无形资产。总之，现代品牌的内涵是综合的，它包含许多要素，它的目标是整体的、战略的②。作为一种商业营销手段，品牌管理主要由一些管理元素和流程组成，管理元素包括品牌名称、品牌标识、品牌组合等，品牌流程包括品牌定位、品牌运营、品牌评估和品牌传播等。品牌在逐渐成为营销管理学最有影响的热门话题的同时，还被应用到其他领域，一些社会机构也通过构建具有品牌特征和运行规律的方式来开展一项特定的活动或实施具体的项目。

通过参考国外的文献资料我们发现，20 世纪末开始，世界上许多国家的民间阅读组织在推广阅读的过程中，都非常注重品牌化建设。如美国的"读遍美国"（Read Across America），是由美国民间阅读组织——美国教育协会（National Education Association，NEA）主办的阅读推广活动，其定位于为青少年提供阅读服务，通过设计统一的标识、阅读誓言、唱主题歌等加深人们对"读遍美国"的了解③。项目组定期组织专业人士为学校、社区等开展阅读推广活动的机构和个人提供专业科学的阅读指导。"读遍美国"还与五十余家机构建立了伙伴关系，形成了强大的社会影响力和传播力。经过近 20 年的

① 凯勒. 战略品牌管理［M］. 卢泰宏，吴水龙，译. 北京：中国人民大学出版社，2009.

② 卢泰宏."名牌"一词使用中的一体些问题［J］. 企业销售，1997（12）：44.

③ Nationaleducation associotion. NEA［EB/OL］.［2019-01-02］. http：//www. nea. org. /grants/886. htm.

品牌化运作，"读遍美国"已成为在美国家喻户晓、深受社会各界特别是青少年欢迎的阅读推广品牌。人们一提到"读遍美国"，马上会想到戴高帽的猫（如图8-1所示）。3月2日，孩子们围聚在一起宣誓、听故事，这些场景构成了"读遍美国"的阅读品牌形象。该活动从1998年正式启动以来，虽然形式越来越多样，但是这些形象从来没有改变而且一直延续至今，成为"读遍美国"的标志，形成了其品牌的核心要素。

图8-1　"读遍美国"活动标识

国际上运用品牌化运作成功开展阅读推广的还有新加坡民间阅读推广组织——图书传播机构举办的"图书漂流计划（Bookcrossing in Singapore）"，该计划目前已成为一种国际阅读推广示例。参与者将读完的书随意放在公共场所，捡获这本书的人便可取走阅读，读完后再将其放回公共场所，让其漂流下去，由下一位爱书之人阅读，继续让图书漂流。图书漂流方式不需要借书证，不需付押金，也没有借阅期限，就如同一个移动图书馆。目前，图书漂流已不局限于投放户外的一种方式，越来越多的书友投放图书会自行设定漂流规则，使图书的漂流过程变得更加丰富多彩。比如，吉尼斯世界纪录联合阅读慈善机构共同支持并发起的英国的"夏季阅读挑战"（Summer Reading Challenge）[1] 以及德国促进阅读基金会开展的"全民朗读"活动[2]等。

---

① Reading Agency. Summer reading challenge［EB/OL］.［2019-01-02］. http：//readingagency. Org. uk/.

② 李宏巧. 借鉴德国经验推广青少年阅读活动［J］. 山东图书馆学刊，2012（6）：54-56.

从这些成功的案例可以看到，品牌化阅读推广活动的核心是围绕品牌内涵构建要素和设计运行模式，对阅读推广品牌进行传播。品牌设计就是通过建立统一的视觉识别系统，将活动的理念和文化传递出去，使消费者快速而明确地达到认知和识别的目的，包括：品牌名称、品牌定位、识别要素和方案设计等。在品牌管理上，主要通过三个环节进行：一是紧密结合全民阅读推广主体、对象和方式等几个关键要素，动员全社会力量，构建全方位的推广机构。二是紧随不同地区、不同人群阅读趋势与读者阅读需求的变化，不断提出符合阅读实际的主题，保持阅读活动的持久性。三是通过培育专业化的阅读推广队伍，提高阅读推广的时效性。在品牌传播上，主要通过构建传统媒体和新媒体相结合的传播网络和社会名人效应增加品牌的信誉，以及通过各种仪式活动增强读者与品牌的忠诚度等。通过品牌化运作的阅读推广已成为国外推广阅读的普遍做法，也是运用先进的品牌理念推广阅读的发展趋势。

第二节　国内民间阅读组织的品牌化阅读推广

国内的一些民间阅读推广组织者也逐渐意识到运用品牌开展推广的必要性，在学习借鉴国外经验的基础上，也在不断进行探索，其中不乏某些环节上的品牌运作特点。我们以中国学术期刊数据库（CNKI）为数据源进行检索，起始时间不限定，截至 2020 年 12 月 31 日，以关键词"阅读品牌"或"阅读推广品牌"为检索条件进行精确检索，只获得 20 条检索结果，包括：介绍女性阅读品牌的 4 篇，城市（苏州、重庆）图书馆阅读品牌的 8 篇，城市（苏州）阅读品牌的 2 篇，少数民族阅读品牌的 2 篇，国外阅读品牌的 4 篇。其中，石继华《国外阅读推广的品牌化运作及启示》一文[①]，对国外阅

---

① 石继华. 国外阅读推广的品牌化运作及启示［J］. 图书情报工作，2015（2）：56-60.

读推广的品牌化建设做了介绍，对我国开展阅读推广活动提出了建议，其他研究文献正如谢梅英、沈丽英《用品牌意识统领读者阅读指导创新服务模式》① 一文的标题所言，主要强调的是"品牌意识"，实质并未有品牌建设的内涵，对于如何用品牌理论开展推广活动并未涉及，泛泛用品牌称谓阅读推广活动的报道更多见于报端和网络。

作为阅读推广重要主体的公共图书馆和高校图书馆阅读推广活动备受重视。以中国图书馆学会阅读推广委员会 2014 年评选出的高校阅读推广活动中九个一等奖的获奖案例而言，既有像北京大学图书馆以"书读花间人博雅"为主题每年在世界读书日固定时间开展的系列读书活动，也有像郑州大学图书馆利用现代交际手段建立的微博大学生阅读分享平台，以及中原工学院图书馆每年开设"阅读学"相关课程。武汉大学图书馆还设计了卡通形象"小布"的阅读推广虚拟品牌形象，所有这些活动类案例均持续了多年，其本身便包含了品牌的一些要素，但从品牌化运作角度看，普遍存在阅读推广主体机构缺失、活动主题单调、数字资源利用不足、推广活动周期过长、推广媒介形式单一、推广合作机制不健全等问题②。可见，高校阅读推广的品牌化建设还处于起步阶段。

以 2006 年中国图书馆学会科普与阅读指导委员会成立为标志，公共图书馆阅读推广理论研究和实践活动发展到了一个新的阶段。阅读推广从依附于图书馆宣传、图书馆营销或新书推荐的一种方式，已发展为一种主流的图书馆服务，或图书馆服务的一个新的领域③。仅 2011 年，国家图书馆一年内共举办各类全民阅读推广活动八百余起，参与人数超过 45 万人次；全国共 381

---

① 谢梅英，沈丽英. 用品牌意识统领读者阅读指导创新服务模式［J］. 图书馆理论与实践，2011（12）：22-25.

② 吴高，韦楠华. 我国高校图书馆阅读推广所存在的问题与对策［J］. 图书情报工作，2013（3）：47-51.

③ 范并思. 阅读推广的理论自觉［J］. 国家图书馆学刊，2014（6）：3-8.

所省市图书馆共举办各类大众阅读推广活动近 3 万场次，参与读者总数超过
1 500 万人次，而数十万的基层图书馆每年组织的数百万的各种规模、类型的
阅读推广活动更是覆盖了全中国上亿的读者①。其中不乏像深圳图书馆读书月
活动中的深图艺苑、南书房、自助图书馆，苏州图书馆"悦读宝贝计划"等
阅读品牌推广活动。综上所述，图书馆的阅读推广大同小异，无外乎举办一
些讲座、展览、培训等活动，较为新颖的就是通过读者俱乐部、自助图书馆、
流动图书车、晒书交友会等形式，吸引读者的注意力，开展阅读推广活动，
但实际效果并不理想。

在众多全民阅读推广活动中，从较强的品牌意识和系统性的品牌化运作
来看，有民间阅读组织参与建设的"书香中国·北京阅读季"是运用品牌理
念进行全民阅读设计、管理和传播的成功案例。"书香中国·北京阅读季"是
从 2011 年开始由北京市有关部门倡导举办，2014 年后由国家有关部门和北京
市共同推动，始终坚持"联结社会力量，创变阅读价值"的推广理念，以
"阅读点亮中国梦"为主题，采取"政府引导、业界支持、社会参与、群众满
意"的品牌化运作模式进行城市阅读推广的典型案例，其中民间阅读组织的
参与是其成功不可或缺的力量。

2019 年"首都市民系列文化活动——阅读北京"深入推进全民阅读工作，
开展了包括"我和我的祖国"全市诵读大赛、"十佳优读空间——百姓身边的
基层图书室"推优活动、"阅读之城——市民读书计划"图书推荐活动、"阅读
伴我成长"主题活动、"最美书评"征集评选活动等在内的五大板块活动，这些
活动各具特色，吸引了数百万市民参与②。梁晓声、郑永春、马培杰等还分别发
布了文学类、社科类、科普类等"阅读之城"30 本"2019 年精读图书"，并大
力推荐《平语近人：习近平总书记用典》《这里是中国》等 5 本"特别推荐图

① 丁文祎. 21 世纪中国公共图书馆阅读推广发展研究 [J]. 图书情报研究，2014 (2)：7-11.
② 孙金行. 2019 年"阅读北京"年度盛典隆重举行 [N]. 光明日报，2019-11-22 (04).

书"。评选出首都图书馆首图讲坛、北京市科学技术协会首都科学讲堂、东城区第一图书馆"书海听涛"品牌系列活动等年度 8 项优质阅读活动。活动期间，微博"阅读北京"的话题阅读量 569.7 万，微信文章阅读量 133.2 万，朋友圈广告曝光量 181 905 次，地铁、公交、电视、广播等广告覆盖超百万人次，百度新闻口碑值达 8.19，随机抽取的读者满意率高达 99.11%。

在 2020 年疫情突发期间，北京市为满足人民群众精神文化需求，发布启动对实体书店扶持的紧急通知，对实体书店的扶持力度达到"历史最高峰"，首批 161 家书店已获资助，实体书店逆势新增 73 家；在全国率先推出抗疫"+我一个"行动计划，免费为广大人民群众提供数字阅读资源，数字资源点击量累计超 153 亿，各平台用户增加量超 1.2 亿；推出"共读一本研究·点亮南北城"名家线上读书活动、开展"凝聚人心，战'疫'有我"大学生读书节等阅读活动，这些举动体现了凝心聚力共克时艰、风雨无阻坚毅前行的精神力量。以北京一起悦读俱乐部（以下简称"悦读"）为例①：悦读扎根于城市社区，其经常邀请作者或专家到社区领读行业经典和热门图书。2018 年世界读书日期间，悦读持续开放 48 小时，由此成为在北京阅读马拉松活动中开放时间最长的阅读空间。悦读还与社区居委会合作，将北京阅读季的流动书展请进社区，在室内进行配套的专业亲子阅读讲座；悦读以社区为基地，走向城市广阔空间，拓宽阅读推广，服务家庭、学校和企业。悦读还与出版机构一起进行阅读推广活动，同时还孵化和辅助其他阅读空间，创办新的读书会。因为悦读的阅读配套服务，悦读所属社区 2014 年被"书香中国·北京阅读季"评选为"北京市阅读示范社区"。

综上所述，微型民间阅读组织对区域阅读环境的营造与改善作用非常明显，类似悦读这样的城市阅读组织，背景和形态虽有不同，但其对阅读推广

---

① 2018 合作机构案例一起悦读俱乐部：注重跨界联合［EB/OL］．［2019-06-15］．https：//mp.weixin.qq.com/s/wkzRIz_YAv1punzSFqw0uQ.

起至的效果却非常明显。尤其"书香中国·北京阅读季"组织和发掘的城市阅读品牌推广，注重培育社会责任的承担以及民间阅读组织效应的发挥，因此民间阅读组织能以活跃姿态和创意方式将阅读活动落实在基层。民间阅读组织在"北京阅读季"品牌活动中具有资源衔接与桥梁纽带作用，活动成员不仅包含公共图书馆、大中小学、其他小型民间阅读组织，还包括媒体、企业和研究机构。

民间阅读组织一方面可由政府部门推动成立，有官方背景和支持；另一方面又可承接政府职能转移留下的行政空间和公共资源，成为政府职能的延伸部门。比如南京的"二楼南书房""南京电影沙龙"等民间阅读团体，越来越多地出现在政府基层文化服务的采购目录中，这不仅是政府对基层文化服务方式的转变和思路的迭代升级，更是对如何解决文化到达"最后一公里"的深入考量①。政府、图书馆等机构举办的大型阅读活动推广活动经常由民间阅读组织参与策划和执行，在北京阅读季的大型活动北京大阅文化公司承担了许多具体工作，比如北京顺义区图书馆，采用外包的方式将图书馆的阅读活动让顺义青少年阅读协会进行承办。总之，民间阅读组织等社会力量与政府、图书馆等以合作的方式参与全民阅读和书香城市建设，注重标准化和持续性，既有利于发挥政府的指导性和规范性，又有利于发挥社会力量的专业优势（见表8-1）。蓬勃生长的民间阅读组织及其阅读活动，正是城市居民由物质文化需求向精神文化需求转向的反映。

表8-1　"书香中国·北京阅读季"前六届阅读推广活动情况一览

届数	第一届	第二届	第三届	第四届	第五届	第六届
主题	快乐阅读 幸福生活	弘扬北京精神 共享全民阅读	助飞中国梦	同绘中国梦	点亮中国梦	点亮中国梦

① 徐宁. 基层文化"供给侧"崛起新动力"南书房"等一批民间阅读组织加盟"政府采购"[N]. 新华日报，2017-04-14（08）.

续表

届数	第一届	第二届	第三届	第四届	第五届	第六届
主办单位	中共北京市委宣传部、市新闻出版广电局主办	同第一届	同第一届	国家广播电视总局、北京市人民政府主办	同第四届，增加7家参与单位	同第四届，增加7家参与单位
内容板块	晒书房；红色经典诵读；纪念建党90周年红色知识竞赛。启动式、大众有奖荐书、百姓读书大讲堂、有奖征文	增加：弘扬北京精神主题、机关干部阅读主题；读书演讲比赛；"书香家庭"评选；国际交流活动；新媒体阅读活动	采取"篇"下设立活动方式；增加："大学生、少年、女性"三个读书节和换书活动、十大读书人物、"阅读示范社"区评选活动	活动类型与第三届相同，活动主题有所变化	增加：领读者计划、培育推广组织、亲子阅读和企业阅读；名家面对面、数字阅读、读书益民活动、全城尚读	在前五届基础上增加："阅读+我"推广计划
场次	500场	570场	1 500场	1 500场	1 500场	2 000场次
人数	100万	300万	1 000万	1 000万	1 000万	1 000万

第三节　品牌化阅读推广的运作模式

"书香中国·北京阅读季"在十年的品牌化运作过程中，探索出从品牌设计到品牌管理、品牌传播的三步骤运作流程，每个步骤又包括若干运行环节和要素，这些步骤、环节和要素形成了完整的品牌化运作模式，如图8-2所示：

一、品牌要素

品牌设计是通过对品牌进行定位、命名、形象塑造等，明确品牌的价值取向和发展方向，从而区别于其他品牌的个性化塑造过程。品牌名称和标识

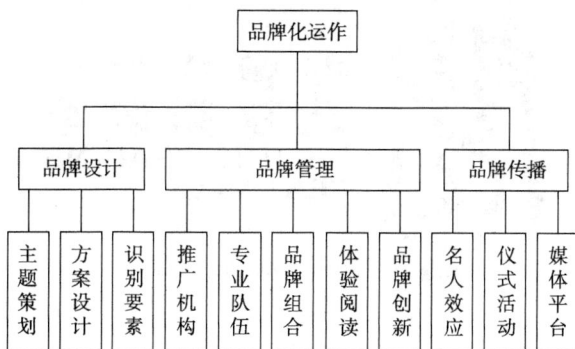

图8-2 北京阅读季的品牌化运作模式

是品牌的有机组成元素，主要有字母型、图案型和综合型三种设计类型，醒目的识别要素能够迅速有效地传递品牌的内涵和关键价值。"书香中国·北京阅读季"以"地域+行业+时间"的方式命名，体现了活动的层级性、区域性、行业性和长期性。"书香中国"四个字，表明这一品牌已经得到官方认可，品牌价值定位于国家级层面。第二届发布的"书香中国·北京阅读季"标识由两部分组成[①]，一部分是用篆书书写的一个红色的"阅"字，体现了中国传统文化艺术和悠久的阅读文化历史，庄重而又醒目；右侧用中英文注明"书香中国·北京阅读季"字样，中间用数字表明阅读季的届数，起到清晰而明确的说明作用。品牌标识通过图案、颜色的组合向读者传达出品牌的独特之处，加强了读者对品牌的认知。只要人们一提起北京的阅读推广活动，就自然地在脑海中浮现出明确的活动名称、醒目的活动标识以及清晰的品牌形象，该标识从而成为阅读推广活动的名片和代名词，如图8-3所示。

二、品牌管理

品牌管理就是在品牌定位的基础上，维护品牌运营的过程和方法。"书香中国·北京阅读季"（以下简称"阅读季"）通过建立推广机构和专业队伍，

---

① 阅读季·北京阅读平台［EB/OL］.［2019-06-02］.http://www.Bjydj.net/.

图 8-3　北京阅读季的品牌标识

组建品牌组合，开展体验阅读和品牌创新等方式，维护阅读季品牌的正常运行和良好形象。

（一）推广队伍

阅读通常被认为是一种个人自发行为，而阅读推广则是对这种个人行为进行有效干预的过程。阅读推广人队伍的培育和管理在阅读推广活动中起着至关重要的作用，包括推广对象、推介读物、推荐活动、效果评价等在内的阅读推广的每一个环节都需要专门的人员进行。阅读季打造了由著名学者、作家、出版人、资深书评人等三百多位阅读推广人组成的专业化引导平台。同时，阅读季还策划推出了"领读者计划"项目，先后五期对机关公务员、出版机构人员、学校老师、益民书屋管理员、大学生社团、实体书店及社会中介阅读组织负责人等千余人进行专业化培训，建立了广泛的基层阅读活动的组织者、发起者、传播者和倡导者，扩大了阅读推广队伍。这些推广人员来自基层，又对大众进行阅读推广，极大地增强了阅读推广品牌的亲和力，提升了推广工作的专业化水平。

（二）品牌组合

品牌组合营销是不断扩大品牌影响力和市场规模的有效手段。在品牌组合中，主导品牌位于品牌层级的顶端，在品牌组合中具有战略性地位，其次是适合不同特点和类型人群的族系品牌。从 2013 年开始，阅读季都对在各类阅读活动中涌现出来的"十佳阅读社区""十佳阅读家庭""十佳阅读推广人"等民间典型人物、典型场所、典型阅读组织推广示范工作进行评选表彰，这些推广"子品牌"与"书香中国·北京阅读季"主导品牌共同组成了北京阅读推广品牌体系，发挥着整体的品牌效能。目前北京市已有类似阅读季子品牌这样的阅读推广组织一百五十多个，它们分布在城市的各个角落，成为联结不同读者阅读需求的纽带。如风险投资人纪中展，致力于阅读推广，他的微信公众号"老纪读书"每天清晨推荐一本好书，不到两年积累了 17 万用户，其线下读书会有超过 5 000 会员。这些经过宣传的人物、案例逐步放大，不断提升全民阅读品牌的影响力。

（三）体验阅读

体验经济已成为继知识经济和服务经济之后的一种新的经济形态。品牌体验是用户对品牌的具体经历和感受，用户的"参与"是体验品牌的根本所在[1]。任何作品的价值，都是在读者阅读体验的过程中得以实现。"书香中国·北京阅读季"紧紧抓住阅读的本质特点，以儿童、公务员、大学生、女性、职工这五类人群为重点，吸引读者主动参与，设计体验型阅读。比如阅读季在儿童阅读推广中，连续两届开展了"北京儿童阅读周暨中国童书博览会"，以体验阅读为核心，集展览展示、读物推荐、阅读论坛、现场文化艺术活动四位一体，设计了 6 大主题体验馆、8 个特色活动区，组织了 1 530 场次阅读推广活动，为广大少年儿童提供了一场集趣味性、公益性、知识性、体验性为一体的阅读盛宴，深受广大少年儿童和家长们的喜爱，极大地提高了儿童的阅读兴趣。体验阅读成为阅读季阅读推广活动中成效最明显的品牌活动。

（四）品牌创新

品牌创新就是赋予品牌要素以创造价值的新动能的行为，也就是通过技术、商业模式的创新，增强品牌生命力，其实质是及时补充品牌能量，防止

---

① 薛可，余明阳．品牌学通论［M］．北京：高等教育出版社，2013．

品牌老化。品牌经过创新，可以赋予其更具针对性的消费意境①。2016 年第六届"书香中国·北京阅读季"在总结前五届活动经验的基础上，由民间阅读组织实施的"阅读+我"行动计划，将"我行动、我阅读、我分享、我推广"的理念贯穿于阅读活动始终，将每一个人、每一个空间、每一个组织纳入阅读推广之中，从"我"做起，承诺全年阅读并分享不少于 12 本图书，激发全社会"读好书、好读书、善读书"的内在动力。在 4 月 23 日"世界阅读日"当天，以"就爱你阅读"为口号，开展"深度阅读"主题活动，现场推出 17 场精品阅读推广活动，线上则由新浪网阅读频道组织 100 位百万级以上"大 V"进行阅读联合推广。随后又以每月一主题的形式，将"阅读+我"落到实处。

（五）品牌传播

品牌传播就是让人逐渐加深对品牌的认知和印象的过程。"书香中国·北京阅读季"充分利用北京文化资源丰富的优势，通过开展聘请"形象大使"、举办阅读盛典、开展多媒体宣传等形式，维护品牌的持久生命力。注意力营销是现代商品促销的一种重要手段。随着时间的推移，读者的价值取向和审美观点也在发生变化。阅读推广活动根据读者注意力和关注点的变化不断更新品牌推广的形象代言人，是适应读者心理变化、防止阅读推广品牌老化的重要举措。聘请社会知名人士担任阅读"形象大使"已经成为"书香中国·北京阅读季"吸引读者的一项重要举措。以第四届阅读季为例，范曾、肖复兴、张维迎等艺术家和知名作家纷纷走进"百姓大讲堂"，梅子涵、卢勤等作家进入各中小学校园和社区与读者进行阅读交流。正是因为有这些知名人士的加入和代言让众多参与者在阅读推广中找到自己喜爱的作家，吸引和带动了一大批潜在"读者"参与。现实"读者"的数量和规模不断扩大，对维护

---

① 薛可，余明阳．品牌学通论［M］．北京：高等教育出版社，2013．

品牌的活力起到了重要作用。

第四节 民间阅读组织参与品牌化阅读推广的启示

据中国出版研究院调查显示，北京市 2020 年居民阅读总指数大幅提高，达到 83.62%。其中，居民"个人阅读指数"达到 87.98%，同比增长 6.8%；未成年人的人均图书年阅读量达到 12 本。同时，成年居民数字化阅读偏好明显，数字化阅读接触率达到 87.7%。上述综合阅读率、个人阅读指数和数字阅读率三大指标均居国内领先水平①。民间阅读组织参与品牌化阅读推广的启示主要有七点。

一、牢固树立品牌意识和理念

阅读推广涉及为什么推广、谁来推广、如何推广、向谁推广、推广什么等许多基础理论问题，必须将阅读推广理论与品牌理论相结合。要牢固树立品牌意识和理念，需要深入研究各地区、各类人群的阅读习性和需求特点，摒弃简单的传统型、运动式、短期性、形式化的阅读推广模式，增强将品牌理论与知识运用于阅读推广活动实践的自觉性。总之，不管是活动的谋划、组织，还是活动推广、传播，都需要从品牌运作的角度进行衡量和评价，将品牌理念贯穿于推广活动的全过程，保证推广活动的持久性和生命力。

二、组建专业化的推广人队伍

全民阅读推广是一项复杂的社会工程，涉及面广、动员难度大，在实施品牌化战略的过程中，必须充分调动社会力量，整合各方资源，形成推广合力，这也是构建阅读推广品牌的保证。为增强阅读推广活动的公益性、全民

---

① 北京居民阅读总指数大幅提高 专家学者支招阅读生活化［EB/OL］.［2021-3-13］. https：//www.sohu.com/a/437281379_ 123753.

性、社会性和持久性，要在各级政府的组织和指导下，发挥公共图书馆等公共文化机构、民间读书机构和其他社会组织参与阅读推广的积极性，构建"政府主导、全民动员、社会参与"的阅读推广机制，组建阅读指导专业化的阅读推广人队伍，保证阅读推广活动的持续有效开展，这也是世界各国开展阅读推广的成功经验。

三、精心设计推广活动方案

阅读推广活动实施之前，结合阅读主体、阅读客体、阅读对象等阅读推广要素和主题定位、品牌运转和品牌传播等品牌建设环节，明确推广的组织机构、活动设计、预期效果等内容，以项目化、品牌化运作模式设计阅读推广的活动方案，避免盲目跟风、重复建设和目标模糊等现实中阅读推广普遍存在的问题。要根据不同读者阅读特点和需求，构建系列品牌，吸引全民参与阅读活动。确定适合各类人群特点的阅读推广品牌定位，在读者正确认知的基础上，建立和巩固读者与品牌之间长期稳固的价值关联。

四、树立良好的品牌形象

作为一种视觉传达形式，要结合所在地区和阅读群体的特点，确立适合自身特点和易于传播、识记的活动名称，以及具有鲜明个性色彩的形象标识，做到品牌要素搭配和谐有序，易读易记，主题突出，个性鲜明，蕴涵意义，充满想象力，有亲近感，给人留下深刻的印象和参与的欲望，从而加深对阅读推广活动的认知。

五、保持品牌的吸引力

对于全民阅读推广而言，品牌创新是每一个阅读推广活动持续具有吸引力的关键。创新的目的就是根据市民不同文化层次、不同阅读特点，通过创新活动方案、活动内容、活动载体等形式，以及依靠线上线下、名人效应、多方联动等措施，举办个性化、针对性的推广活动，不断增强阅读活动的吸引力，让更多的人参与到阅读活动中来，从而满足差异化、多样性的阅读需求，实现"全民性"阅读推广的目标。要保持品牌的吸引力和生命力，需要了解读者的阅读需求，适时变换与创新阅读推广主题、内容和形式，注重与读者的互动，鼓励读者以现实生活为基点、以精神升华为目的阅读，并帮助读者加深对作品的内省体察，积极、富有创意地参与活动、解读作品，避免阅读品牌出现老化。

六、加强品牌推广的制度化建设

品牌制度具有根本性、长期性和稳定性特征。要将在阅读季等实践中成功的做法和经验及时总结上升到制度化层面，建立完善科学的评估体系，以制度建设保证品牌推广的持久性。

七、加强与社会各界的广泛合作

通过加强与社会名人、各类新闻媒体、社会中介机构等不同主体的合作，充分发挥其在各自领域中的优势，不断扩大阅读品牌的影响力，促进阅读推广品牌的传播，为实施阅读推广品牌化战略创造良好的社会环境。

第九章　北京民间阅读组织的多重功能

调查显示，读者认为参加民间阅读组织的原因有：可以进行小规模深入的研读和探讨（占53%）；可以收获名家学者的思想盛宴（占51%）；可以结识志同道合的朋友（占60%）；可以享受与他人思想碰撞的喜悦和平等对话的轻松气氛（占60%）；可以获得知识，提升自己的能力（占58%），见图9-1。这些原因所占比例相差无几，对读者而言，获得知识与交到朋友是加入民间阅读组织同等重要原因。

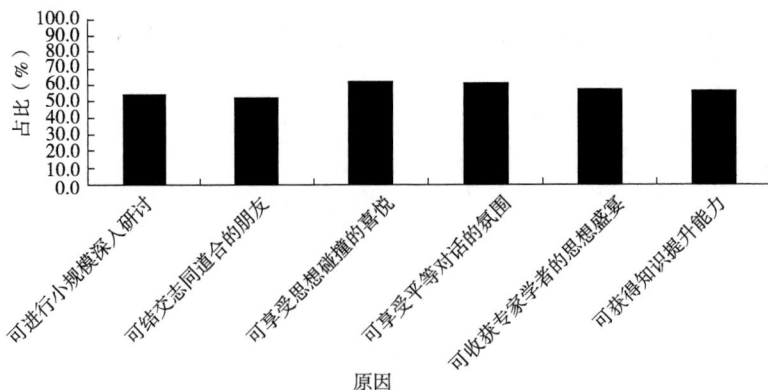

图9-1　参加者认为民间阅读组织吸引自己的原因

调查显示，组织者创建民间阅读组织的原因主要有：可以结识志同道合的朋友（占88%）；可以享受与他人思想碰撞的喜悦和平等对话的轻松气氛（占88%）；可以获得知识并提升能力（占75%）；推广书籍或者其他同类产品（占13%）；工作需要或者盈利模式（占3%）等，见图9-2。

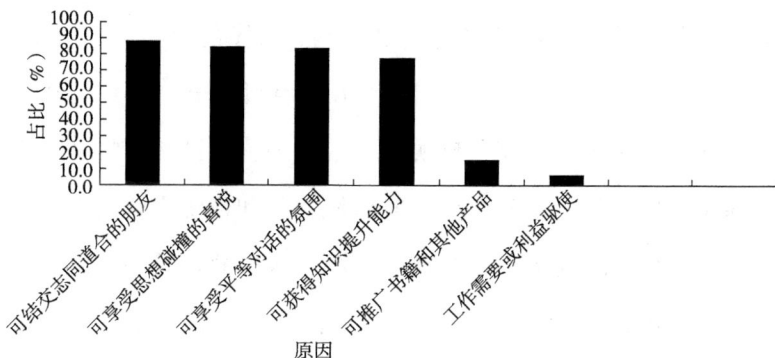

图9-2　组织者认为创建民间阅读组织的主要原因

由此可见，参与者和组织者对于民间阅读组织的期望非常契合，都是为了获得知识、结交朋友。此外，组织者很少考虑通过活动来营利，这与其公益性质相符。参与者和组织者参加民间阅读组织的原因各不相同，民间阅读组织的功能是多方面的。

第一节　丰富城市发展内涵

1977年《马丘比丘宪章》对城市建设提出了注重人文生态和文化空间的社会文化理念；1985年欧盟提出"文化城市"概念，自然生态和人文生态理念形成潮流；2007年6月9日至11日，来自世界23个国家和地区的1 000多位市长、规划师、建筑师、文化学者、历史学家以及其他各界关注城市文化的精英人士，应我国建设部、文化和旅游部和国家文物局的邀请，相聚在文

化古都北京讨论了全球化时代的城市文化转型、历史文化保护、当代城市文化建设等议题。与会代表认为：城市不仅是一定地域的经济和政治中心，也是这一地域的文化中心。城市发展正面临传统消失、面貌趋同、形象低俗、环境恶化等问题，建设性破坏和破坏性建设的威胁依然存在，城市文化正处于转型过程之中。与会代表经反复讨论，形成了《城市文化北京宣言》①，该宣言倡导：文化建设是城市发展的重要内涵。市民的道德倾向、价值观念、思想方式、社会心理、文化修养、科学素质、活动形式、传统习俗、情感信仰等因素是城市文化建设的综合反映。城市规划、建设必须特别重视城市文化建设，城市的形态和布局要认真吸取地域文化和传统文化的营养；城市的风貌和特色要充分反映城市文化的精神内涵，城市的建筑和设施要努力满足普通市民精神文化和物质的基本需求。"阅读北京"是由中共北京市委宣传部、北京市文化和旅游局共同主办的全民阅读大型公益活动，是为建设"中国特色社会主义先进文化之都"打基础，旨在提升北京市民阅读素养并努力打造"城市共读"理念。"阅读北京"活动将依托北京市公共图书馆，掀起全民阅读的新高潮。民间阅读组织对建设阅读型城市有重大意义。

一、有助于落实"文化城市"理念

充分发挥民间阅读组织的作用、全面实施全民阅读战略，是"文化城市"理念、全国文化中心建设和"中国特色社会主义先进文化之都"的具体体现和深化，有助于进一步塑造城市的文化品格和人文精神，有助于提升城市发展的创新活力。

二、有助于提升市民的各种能力和素养

阅读有利于提高人们的战略思维、辩证思维和创新思维，有助于提升全

---

① 《城市文化北京宣言》发表［N］．中国经济时报，2007-06-12（12）．

民科学文化知识总量和层次，树立全球视野，拓宽发展思路，增强城市综合竞争力；有利于动员市民为城市的现代化而学习，提高城市人口素质，推进城市化进程，也为城市的长远发展奠定教育、科技、文化以及人力资源的基础，使其具有可持续发展的优势。

三、有助于培养整个城市的宽容精神

城市公民在阅读过程中得以养性、立德、明理，从而确立以和谐为旨归的道德评判体系，树立以"爱国、创新、包容、厚德"为内涵的共同价值观，正确对待和处理人与自然、人与社会、人与人之间的关系，为城市经济社会的和谐发展提供重要的思想保障和精神动力。

四、有助于形成城市公民意识

只有进行持续、大量的阅读，城市公民才能认识自己的历史、认可自己的文化、皈依自己的精神家园、保持自己的传统，在不同文化的交流互动中坚守自己的家园，提升综合素质，不断增强城市的认同感、归属感和自豪感，形成强烈的城市公民意识和公民文化，践行北京精神，提升城市的向心力、凝聚力，自觉遵纪守法。"任何一个国家想在全球文化竞争中占得一席之地，最主要方式就是提升全民阅读水平，并从心底排斥功利式、灌输式的读书价值取向，持之以恒地'悦'在书中，让读书潜移默化地完善充实我们的内心世界。"胡思远说，读书的意义正如中医蕴含的道理，需要我们静下来、练慢功夫，让阅读渗透在我们的生活中，养成于每天的习惯里，如果我们每个人都能坚持阅读，那么我们所吸收的营养就会成为这个城市发展的"发动机""动力源"①。

---

① 潘若濛 . 阅读是城市发展的"动力源"［N］. 深圳特区报，2012-11-02（A07）.

第二节 搭建社区交往平台

民间阅读组织具有社群交往的功能，能协调邻里社区关系、服务社区、促进社区和谐。民间阅读组织在社区不仅作为一种公共阅读平台而存在，也因其具有开放性、平等性、自愿性等特点成为一种社区交往平台，使不同行业、不同背景的人士聚在一起平等交流、学习和分享彼此的观点及生活经验，从而建立一种有责任感和信任感的邻里关系。民间阅读组织为不同特性的社区居民举办不同类型的活动，有利于丰富社区的多元文化，满足社区居民阅读和交往需要，增进社区融合促进社区居民建立深入、稳定的信任关系。此外，民间阅读组织还在社区举办各种活动，提供社区居民交流的场所，从而提升了社区居民参与公共事务的能力，也提高了社区居民整体生活的品质。

比如已成立十几年的民间读书会藏书阁，其最初的理念是会员之间相互交换图书，后逐步演化为大家分享、推荐好书，书友以主题演讲的方式为大家讲书，内容涉及多个领域。读书会的成员包原铱在 2014 年夏天参与豆瓣发起的赠书活动时曾说："从小到大我似乎都没机会认识这么一群志趣相投的伙伴，所以很珍惜这些书友们。我们在一起时不光讨论书、电影、音乐、游戏，还常常在一起吃喝玩乐，非常开心，许多成员成了无话不谈的朋友。"其实，"很多时候重要的也许不仅仅是读书或是分享心得，而是人。反之，这些人的'臭味相投'又怎能不是读书带来的共性呢？也许这就是物以类聚吧。"① 又比如，同道学园的负责人赵聚上大学时就感到自己和同学接受知识的方式比较被动，缺少自发交流知识、寻找志同道合之友的平台，为此他组建了自己人生中的第一个读书会。他曾说："所谓读书会，就是志同道合的人们走在一

---

① 胡克非. 民间读书会：助力全民阅读［N］. 中国文化报，2017-04-21（008）.

起。"① 可见，民间阅读组织在一定程度上能够满足人们的精神追求以及与他人进行精神交流的诉求。

第三节　培养公民公共意识

学术界对公共文化的广泛关注是从哈贝马斯对市民社会及其公共领域进行研究开始的。按照哈贝马斯的观点，市民社会是近代资本主义逐渐从国家中分离出来的经济社会，它是私的领域，独立于作为公的领域的政治国家。但市民社会所表现出的首先是个性化的、分散的经济利益，在经过一段时期的发展后必然要求整体性的文化对这些分散的利益进行整合，以保证市民社会的自维性。于是在市民社会与政治国家分离的基础上，又逐渐形成了市民社会内部文化生活与经济生活的分离。经济生活是市民社会的私人领域，文化生活是其公共领域。在公开的场合、公共的领域中，人们就共同关心的经济、政治、文化和其他一切社会问题展开讨论，形成公共文化或公共舆论，整合公共领域的核心价值观念，建立市民社会统一的价值认同体系，使之保持自身相对于政治国家的独立性②。可见，公共文化最大的特点就是注重对社会核心价值观的培养，注重文化的整合。

哈贝马斯在其论著中提出通过改善"交往的合理性"来实现社会变革的观点。哈贝马斯反对导致人异化的片面追求"工具合理性"的立场，提倡"综合的合理性"，即主张通过扩展"没有支配和强制的交往关系"来改革社会，建立基于"理性合理"的新型社会关系③。哈贝马斯的理论能否适用于现阶段的中国社会，学界意见不一，但哈贝马斯所提出的通过市民社会扩展

---

① 胡克非．民间读书会：助力全民阅读［N］．中国文化报，2017-04-21（008）．
② 哈贝马斯．公共领域的结构转型［M］．曹卫东等，译．上海：学林出版社，1999.
③ 哈贝马斯．公共领域的结构转型［M］．曹卫东等，译．上海：学林出版社，1999.

"公共对话"来改革社会进而建立新型社会关系的观点，对我们目前"公共领域"的文化传播和社会治理具有重要的参考价值。在现代性转型、全球化和互联网革命等多重语境的交叠下，公共传播作为一种研究范式和实践解决方案正在登场。公共传播指的是多元主体基于公共性展开的沟通过程、活动与现象，旨在促进社会认同与公共之善，其场域是作为意见交换平台、行动空间和意义网络的公共领域，其内容是公共议题及其承载的公共精神和公共利益①。

随着社会主义市场经济的发展，曾经以街道景观为主的社区逐渐被以商品房为主的社区所取代，全能政府也从基层社区逐渐撤离，一个中间地带逐渐在个体与国家之间出现。而涉及个人利益之外的公共利益，则是这个中间地带最需要解决的问题。同时，工业化、城市化和信息化在推进社会进步的同时，也存有异化人性和割离情感一面，而城市中存有可供自由进出的公共空间，该公共空间应该能够汇聚各类人群，提供可供讨论和延伸的话题，帮助人们缓解压力、凝聚共识。比如，北京读易洞书店的主要读者是以白领为主的万科青青的2000住户，"在社区里，它是邻居的朋友来访时显摆的景点，自由职业者有个像单位的去处，男人美其名曰上进的家务避难所，大人餐馆吃饭时闹腾小孩的安置地，家门口不掉面子的社交场，聊天上网喝茶需要消费的居委会"②。可见，读易洞书店在很大程度上承接了社区的文化活动，甚至业主因楼房维修导致污染和小区物业进行谈判，都选择在读易洞书店进行。显然读易洞书店的做法已经超出了一个文化场所的意义，延伸到了公共对话和社区治理领域。读易洞书店在展现一个鲜活的城市社区不同侧面的同时，也折射出当下私人家庭与公共生活之间的微妙关系，书店背后是个体在公私

---

① 胡百精，杨奕. 公共传播研究的基本问题与传播学范式创新 [J]. 国际新闻界，2018（3）：61-74.

② 邱小石. 业余书店 [M]. 北京：中央编译出版社，2011.

领域之间进退的尺度和认知。从某种意义上说，读易洞书店作为社区公共事务的"中间人"，充当了社区"公共领域议事厅"的角色。总之，读易洞书店不再是单纯的书籍买卖之地，而是被更多地赋予了一种"公共"的含义，其尝试通过"公共对话"整合社会多样性的意见和差异化的利益，更好地形成改革和进步的信息共同体。这种变革性思维对于训练公共讨论、培育人文精神和砥砺公民精神都具有重要的现实意义。

　　从上述例子可知，民间阅读组织在营造公共文化空间，"这个领域通常是个中间地带。这个中间地带介于私人领域和公共权威，属于一种非官方的公共领域，也可以说它是公共聚会场所，在这个场所中，公众评判的议题是公共权威及政策或者其他共同关心的议题①。"民间阅读组织是一种读书的仪式，是同一群体在同一时间、同一空间围绕同一文本阅读、对话、联欢的群体表演，象征着知识与情感共同体的身份特征和价值认同。仪式具有构建群体共同体价值观的作用②。成员以同一文本为共同话语基础而展开讨论、交流，形成强烈的身份认同和归属感。同时，仪式背后是一套有关读书纪律的权力运行机制。福柯指出，整个社会处于权力的"全景敞视"中，发挥作用的沉默的权力控制着人的肉体、灵魂，并渗透到社会各个细节，整个社会处于被规训状态。民间阅读组织针对知识共同体构造了微型结构，定时定量阅读控制了时间序列。规训控制行为的一个重要方法是拟定时间表，包括规定节奏、安排活动、调节重复周期③，并且不断地细化时间表，直接控制成员的肉体与精神。定时定量阅读控制了成员阅读节奏。主讲人采取的报告形式要求民间阅读组织主讲人有能力全面梳理文本，阐发自身观点，这就要主讲人投入足够的时间与精力来细致阅读文本。有的民间阅读组织要求参加者朗读文本片

　　① 何增科．公民社会与第三部门导论［M］．北京：社会科学文献出版社，2000．

　　② 康纳顿．社会如何记忆［M］．纳日碧力戈，译．上海：上海人民出版社，2000．

　　③ 福柯．规训与惩罚［M］．刘北成，杨远缨，译．北京：生活·读书·新知三联书店，2007．

段，有些文本为中译本，因此参加者除了要深入理解文本意思，还要翻阅原著。组织者则可以借此考查参与者的认真程度、专注度和疏忽之处。可见，规训权力在民间阅读组织中表露无遗①。

第四节　公民自我教育途径

各民间阅读组织的定位各有差异，各自的组织成员来源广泛，具有不同的专业背景、从事不同的行业，但策划的阅读活动一般都在寻求一种自我认同，彰显其内在的价值取向。比如，国内首家会员制女性图书馆雨枫书馆创办于 2007 年，以关注、服务女性阅读生活为企业愿景，倡导"做书女"。而作为一个创新型的读书会，Open Academy 致力于成为终生求知的先锋典范。读书会 Open Academy 结合线上的各类公开课等学习资源，以自主和互助学习模式为主，为进取的职业人士提供高品质的顶级名校课程。为了使所有课程参加者的收获最大化，得到更好的课程体验，Open Academy 专门设计了严格的报名流程，课程结束还要进行严格的考核。其中社会科学类课程的终期考核内容包括：自选研究题目撰写学术性文章或报告，撰写课程心得，自选题目做展示。另外，Open Academy 课程上的讨论、辩论以及课后的论文完成评估等亦会作为考核的一部分②。再比如，由林凯创办的成立于 2013 年 10 月的博畅读书会专注于阅读的研究与推广。林凯说，博畅读书会坚持以阅读者体验为核心，为不同的人群设计不同的主题和不同的形式。其曾先后举办过书店读书会、学校读书会、企业读书会和协会读书会等。博畅读书会因读者群体不同，会对其有不同的要求，比如共读会和阅享会要求读者必须认真阅读指定的书或者所带的书。"学习型社会事实上是一个良性的学习生态，除了学

---

① 邱昭继. 读书会与法科学生科研能力的培养［J］. 法学教育研究，2011（1）：35-39.
② 刘志伟. 读书会：来自民间的阅读推广力量［N］. 中国出版传媒商报，2015-5-12（7）.

校教育和职场教育，还应该有自我教育和社会化相互学习。"林凯认为，"阅读，是心灵或认知的旅行；阅读，与良师益友谈心或切磋；阅读，是最便捷有效的自我教育。读书会，就是灵活的社会化相互学习。"综上所述，参加民间阅读组织是公民自我教育的一条重要途径。

第五节　创新学术研究方式

民间阅读组织在为非专业阅读者提供阅读和交流平台的同时，也是很多学术研究者进行学习交流的方式。这些专业阅读组织广泛存在于各大高校的科研院所中。中国人民大学哲学院院长臧峰宇说："国外很多著名哲学家都是通过参加读书会（seminar）成长起来的，在我国很多前辈学人的回忆中，也时常读到他们对这种读书会的回忆，如今读书会已经成为一种在学界流行的学习与研究方式。"中国人民大学哲学院约有 1/3 的教师举办过读书会，组织阅读的文本包括《礼记》《列子》《易经》《荀子》《纯粹理性批判》等，有些学术读书会在学界很有影响，申请参加这些读书会的会员越来越多①。读书会为有志于学术研究的学生提供了理想的学习与交流平台。学术读书会采取导读和讨论相结合的方式，由一两名学生导读几个段落，参与者从不同角度提出问题并做进一步阐发，教师适时参与讨论，并在充分讨论的基础上做恰当点评。在学术读书会上分享阅读体会与学术辩论有利于增进学生对学术问题或学术见解的认识，并在一定程度上避免某种误读。学生在大学期间选择参加几个读书会是很受益的。教学相长，教师在组织读书会的时候也会在学生的讲述中受到启发②。总之，不论是亲子阅读、社区阅读，还是学术研究，

① 张焱，韩畅. 读书会兴起：阅读从个体空间延伸到公共文化空间［N］. 光明日报，2015-04-23（12）.

② 张焱，韩畅. 读书会兴起：阅读从个体空间延伸到公共文化空间［N］. 光明日报，2015-04-23（12）.

更多的民间和学术界读书会正在不断涌现，阅读已经超越个体空间的局限而延展到公共文化空间，成了一道特殊的风景。

第六节　提供个人阅读示范

个人阅读通常较具灵活性和随意性，读本的选择完全凭个人爱好。民间阅读组织则不同，群体阅读有相应的旨趣导向。面对浩如烟海的文献资料，民间阅读组织的领导者对于文本选择需要反复思量，给出相应理由，而这些理由蕴含着阅读的旨趣。民间阅读组织的阅读文本可不限长短，但必须围绕某一主题开展。对个人阅读而言，介绍类书籍适合在初学与资料搜集阶段，但要提升思维层次、激发阅读联想力，则必须选择更具理论深度的文本，而在这方面民间阅读组织具有明显的优势。

现代意义的民间阅读组织已演变为"自组织"的阅读活动，由主持人或主讲人扮演"导读"角色。主讲人是知识传播者，能给参与者在阅读与理解文本方面更多的指导。主讲人在很大意义上扮演着阅读的"引"与"导"功能。主讲人导读的首要任务是激发参与者兴趣，把成员的注意力引入文本内。阅读兴趣一方面来自经典本身的知识魅力，一方面来自主讲人对文本的点拨和引导。对于经典著作，参与者因阅读能力有限而会跳跃过较难理解但很重要的段落或因知识限制而无法有效梳理文本，因此主讲人的导读会在归纳文本内容、理清框架结构、提示关键词语、区分主次关系等方面给予启发。对于阅读方法，因集体阅读受到时间和空间的限制，民间阅读组织为提高阅读效率会注重读书的方法与技巧。以阅读方式为例，评论与报告式的阅读方式侧重在文本过滤基础上的读书交流，注重对个人的启发、体会、引申与运用。朗读式的阅读方式由成员直接朗读文本的关键部分，并逐一分析文本内容，注重阅读既用耳听又用眼看。

第七节 促进知识共享交流

阅读即交流，是读者与作者间的对话，是知识流动的社会过程。思想、观点以及人类社会的所有知识是社会化的产物，因此民间阅读组织的本质是构建读书社会化"群体部落"。读书会一直是信息传播、思想交锋的前沿阵地，在历史上，法国大革命前的沙龙是思想交流场所、文艺批评中心、启蒙运动阵地①。沙龙中最为重要的活动是诵读诗歌、讲述故事、宣布科学纲领②。哈贝马斯认为：几乎所有的杰出思想家都是在沙龙的思想交锋中展现出其思想的锋芒③。可见，民间阅读组织促进了知识的交流。

首先，民间阅读组织提供了分享个人阅读心得、经验信息的社会平台，使知识交流呈现立体化、网格化图景。知识共享的意义在于知识在使用中提高价值，通过共享，知识的数量与价值可成几何级数增长④。读书会成员在民间阅读组织中用语言将自己的阅读体悟进行表达，使其他成员获得集体阅读体悟。由此，个人体悟演化为多元感受，信息总量大大增加。个人默读始终存在盲区，文本内容理解缺乏验证机制，不利于对问题的认识推向纵深。但在民间阅读组织中由不同成员解读同一本书，发表的却是不同的观点和看法，因此可突破个人理解的局限，提升个人的知识总量。此外，阅读中的错漏和失当也会通过他人的反驳得以体现和修正，由此个人阅读从他人的阅读理解中检审了自身的阅读质量，反思阅读结论、提高阅读体悟能力。

其次，知识产品的生成、质量、传播等需要验证。科塞曾指出：凡是政治或宗教上大胆而有创见的思想，几乎全被提出来讨论、辩难，而且几乎总

---

① 萧琦. "沙龙与法国大革命" [J]. 历史教学问题，2006 (2): 81-84.
② 托尔尼乌斯. 沙龙的兴衰 [M]. 何兆武，译. 北京：世界知识出版社，2003.
③ 哈贝马斯. 公共领域的结构转型 [M]. 曹卫东等，译. 北京：学林出版社，1999.
④ 季晓芬. 团队沟通对团队知识共享的作用机制研究 [D]. 杭州：浙江大学，2008.

能产生很多敏锐的观点①。可见，不同观点的辩驳、不同认识的交锋、不同思想的碰撞终将对书本知识的认识推向极致。阅读都面临所谓知识局限性问题，民间阅读组织为读书人审视自身知识的缺陷性提供了一个有效平台，而个人默读对此则是无法实现的。

最后，民间阅读组织也成为知识生成的契机。知识可以划分为显性知识和隐性知识，前者是通过语言文字表达的知识形态，比如法律、法规；后者则是指直觉、灵感、顿悟等难以通过语言文字表达的知识。不管是哪一类知识的生成，除了相关知识积累外，还有赖于特定场景和契机。民间阅读组织则构造了"头脑风暴"②的情节化场景。美国创造学家奥斯本1939年提出一种激发创造性思维的方法，即通过会议形式，让所有参加者在自由、愉快、畅所欲言的气氛中通过互相间信息交流，让思想碰撞，引起思维共鸣，产生组合效应，从而产生创造性思维的方法，而这种场景是默读所不具有的。

---

① 科塞. 理念人：一项社会学的考察［M］. 郭方，译. 北京：中央编译出版社，2001.

② 奥斯本. 创造性想象［M］. 盖莲香，王明利，译. 济南：山东人民出版社，1987.

第十章 影响北京民间阅读组织发展的因素

由于北京大量的民间阅读组织散建在民间，笔者对其了解和研究还是不够全面和系统，不适合先行设定一种理论进行研究，因此本书采取质性研究（Qualitative Research）的方法，即"以研究者本人作为研究工具，在自然情境下采用多种资料收集方法，对社会现象进行整体性研究，主要使用归纳法分析资料和形成理论，通过与研究对象互动对其行为和意义建构获得解释性理解"①。质性研究搜集到的数据资料一般比较生动和丰富，经常是一个故事、一段对话、一篇报道并具有情境性，能够让研究者进行背景、细节的描述和解释。质性研究执行的数据往往是具有连续性的，具有特定事件属性，能够更好地进行动态性和过程性的研究②。扎根理论是质性研究的重要方法之一。格拉泽和施特劳斯在他们的著作《扎根理论的发现》中首次清晰地提出了扎根方法论，其主要宗旨是在经验资料的基础上建立理论。

扎根理论的研究逻辑是：从经验数据中建立理论，也就是在研究开始之

---

① 陈向明. 质的研究方法与社会科学研究［M］. 北京：教育科学出版社，2006.

② Patton MQ. 质的评鉴与研究［M］. 吴芝仪，李奉儒，译. 台北：桂冠图书公司，1990.

前不设定先验性理论假设，而是通过田野调查、问卷访谈等手段收集原始数据，对数据进行反复的筛选、分类、比较，将繁杂的原始数据进行理论化、抽象化，从而提炼出核心概念并建构起理论体系。研究者在研究开始之前没有理论假设，直接从实际观察入手，从原始资料中归纳出经验，然后总结上升到系统的理论。这是一种从下往上建立实质理论的方法，即在系统性收集资料的基础上寻找反映事物现象本质的核心概念，然后通过这些概念之间的联系建构相关的社会理论。扎根理论一定要有经验证据的支持，但是它的主要特点不在其经验性，而在于它从经验事实中抽象出了新的概念和思想。在哲学思想上，扎根理论基于的是后实证主义的范式，强调对已经建构的理论进行证伪。作为归纳性的质性研究方法，本书所运用的扎根理论，从研究目的上来说，属于实证研究范式；从理论视角上来说，属于解释主义范式；从研究方法上来说，属于质性研究。

扎根理论重视研究样本选取的丰富程度，即样本类型全面、中立，而并不注重样本数量的多少。扎根理论这个特点十分适合本研究，虽然关于民间阅读组织的新闻报道、评论并不多，但本书研究注重对样本数据的深度挖掘。这些数据来源包括：民间阅读组织网站（如豆瓣小组、微信公共号）发布的内容；关于民间阅读组织的报道、评论以及官方网站发布的新闻资料等；我国各级政府的政策文件；对民间阅读组织创始人或者发起人的访谈等。

本研究对一些民间阅读组织举办方、参与者进行了访谈，并在此基础上对搜集来的包括民间阅读组织网站发布的内容、网络上关于民间阅读组织的报道评论、我国各级政府的政策文件等进行分析，对访谈成果进行补充，将此作为研究的原始数据。笔者搜集到数据后，再利用软件对原始数据编码，根据扎根理论（Grounded Theory）原理，从而获得影响因素以及进一步分析这些因素是如何影响民间阅读组织，最后形成影响因素架构。

第一节　影响因素框架的构建

本书以"民间阅读组织"为关键词在 CNKI 检索，获取文献 16 篇；以"读书会"为关键词在 CNKI 进行检索，获取文献 299 篇，全部纳入本研究的原始数据库，利用 CiteSpace 软件对国内已有文献进行统计分析。CiteSpace 是一款可将国内外文献进行可视化分析的软件，主要是帮助用户锁定感兴趣的主题及科学文献并找到其中最为关键的核心信息，理清其过去与现在的发展历程，识别其研究前沿和发展趋势。统计分析显示（见表 10-1）如下。

表 10-1　知识图谱呈现的高频率、高中心性关键词

序号	关键词	频次	中心性	序号	关键词	频次	中心性
1	阅读	231	0.71	10	研究	20	0.14
2	民间	192	0.62	11	推进	18	0.12
3	组织	45	0.25	12	促进	16	0.10
4	读书会	40	0.23	13	机构	13	0.08
5	社会	35	0.21	14	社区	11	0.06
6	团体	29	0.19	15	儿童	9	0.05
7	力量	23	0.17	16	亲子	7	0.04
8	政府	22	0.16	17	机构	5	0.03
9	服务	21	0.15	18	资源	3	0.01

研究文献显示的高频词、关键词围绕"阅读"展开，一定程度上反映了所选文献的合理性。与"阅读"紧密相连的高频词包括"民间""组织""读书会""社会""团体"等词，其次是"力量""政府""服务""研究""推进""促进"等措施类词语，再往周边则是"机构""社区""儿童""亲子""资源"等词语。这些文献的高频词、关键词在一定程度上反映了民间阅读组织的发展现状，例如民间阅读组织涉及的性质、功能、指导、内容等。

单纯以关键词出现的频次衡量一个词的重要性不够全面，即使剔除对研究

毫无帮助必须过滤掉的词之后，出现频率高也不一定代表它们对研究的重要性大。我们又从样本数据库中抽取了 7 篇与本研究高度相关并有重要意义的文献，计算这些文章某些高频词的 TF-IDF 值用 NVivo 进行文本分析，将高频词和重点词整合为 Nvivo 的树节点的参考词汇。NVivo 能够有效分析多种不同的数据，如大量逐字稿文字、影像图形、声音和录像带数据等，是实现质性研究的最佳工具。

先将 7 篇研究数据导入 Nvivo 中对其进行编码形成节点，初步形成诸如"发展现状""运行模式""场地""管理"等 65 个节点；接着确定节点之间的关系，将相近的节点归到相应的树节点中去，其步骤重复多次，形成参考点—节点—树节点的结构体系，最终提取出与本研究相关的高度概念化范畴。表 10-2 是基于全部样本研究的民间阅读组织发展因素框架表，表内显示的是最后的树节点及概念化范畴。

表 10-2　基于样本文本的民间阅读组织发展因素框架

概念化范畴	树节点	节点
民间阅读组织基本特征	国外民间阅读组织	美国女性读社会
		美国名著基金会
		美国奥普拉图书俱乐部
		德国促进阅读基金会
		英国读写信托组织
		日本儿童玩偶读书会
	我国台湾地区读书会	
	我国国内民间阅读组织	发展现状
		类型
		运行模式
		功能
民间阅读组织运行方式	服务	
	商业	
	活动	
	线上	

续表

概念化范畴	树节点	节点
制约民间阅读组织自身因素	场地	
	资金	
	人才	
	管理	
影响民间阅读组织外部因素	国家	国家政策
		发展规划
	地方	地方性法规
	社会	行业规范
		联合
		社会评价
对策	建议	

Nvivo 能根据参考点的数量生成各节点频次覆盖率柱状图（如图 10-1 所示），覆盖率可以反映出这些样本研究文献对民间阅读组织的关注热点以及重视程度。

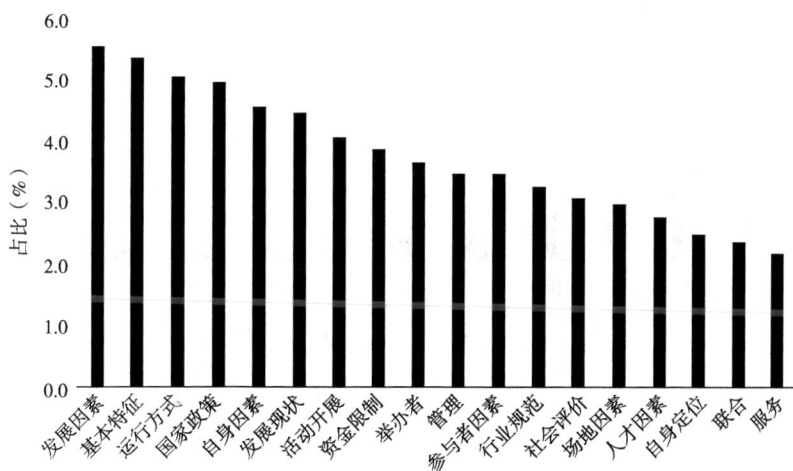

图 10-1　样本数据内容覆盖率柱状图

样本数据覆盖率集中于发展因素、基本特征、运行方式、限制因素、发展现状等方面；影响民间阅读组织发展的因素中最重要的是资金限制，其次是组织人才的缺失；样本数据中同时也重视了对民间阅读组织参与者的研究。通过对原始数据和案例的搜集、整理、分析，并对这些资料进行编码，得到了 65 个节点以及与民间读书会相关的 5 个概念化范畴，分别是民间阅读组织基本特征、运行方式、自身因素、外部因素以及对策建议。

我们通过问卷调查形式，从参与者和组织者的角度对影响民间阅读组织发展的因素进行了梳理。

参与者认为阻碍其参加民间阅读组织的原因有（见图 10-2）：首先是没有足够的时间（占 67%）和距离较远（占 54%），其次为对所读书目不感兴趣（占 29%），再次为对民间阅读组织的组织形式不满意（占 18%）、对民间阅读组织的场所和读书氛围不满意（占 17%）、参加的经济成本较高（占 13%），最后是参与者觉得没有知识上的收获（占 11%）。在其他选择中参加者还提到没有太多民间阅读组织信息的渠道、没有时间阅读指定书目以及担心自己的见解得不到认同。

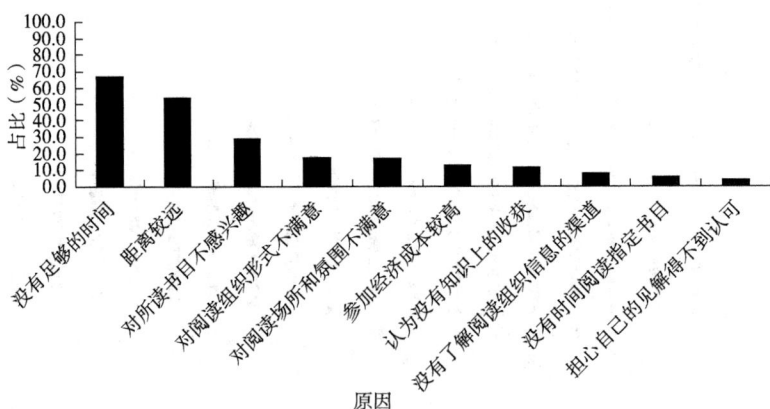

图 10-2　阻碍参与者参加民间阅读组织的原因

在组织者看来，阻碍参与者参加民间阅读组织的原因有（见图10-3）：首先是没有足够的时间（占59%）、对所读书目不感兴趣（占53%）和距离较远（占41%），其次为对民间阅读组织的场所和读书氛围不满意（占47%）、觉得没有知识上的收获（占38%），再次为对民间阅读组织的组织形式不满意（占22%）、参加的经济成本较高（占13%），最后是认为民间阅读组织缺少有号召力的引领者（占11%），不能与其他成员充分沟通（占7%），不能完整阅读指定书目（占5%），对民间阅读组织不了解（占3%）等。

可见，不管从参与者角度还是组织者角度看，阻碍参与者参加民间阅读组织的原因是多方面的。

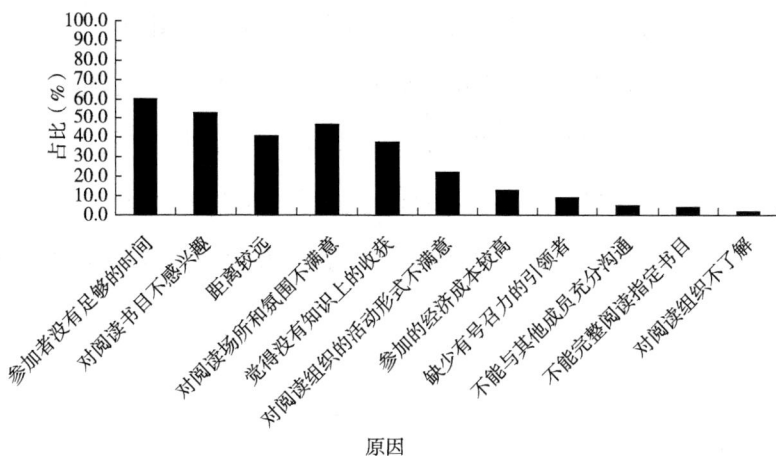

图10-3 组织者认为阻碍参与者参加阅读组织的原因

参与者认为，参加民间阅读组织活动存在的问题主要有（见图10-4）：民间阅读组织举办活动质量不高（占41%）、对所选书目不感兴趣（占38%）、组织形式过于松散（占34%）、活动场所和活动氛围不尽如人意（占30%）、参与者的意见和建议得不到重视（占18%）、就一个问题很难进行深入的准备和探讨（占15%）、没有阅读兴趣相近的其他成员（占8%）、参与

者并未充分准备（占7%）、组织者过分强加自我观念（占3%）、缺少沟通环节（占2%）等。

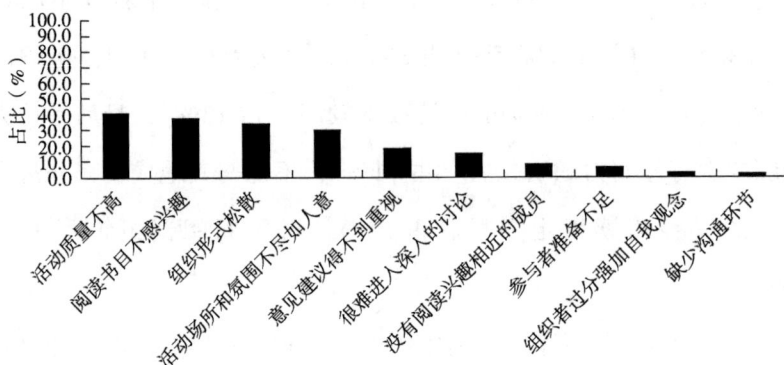

图10-4 参与者认为参加民间阅读组织存在的问题

而组织者认为民间阅读组织存在的问题主要有（见图10-5）：民间阅读组织讨论不深入（占75%）、举办活动质量不高（占53%）、组织形式过于松散（占44%）、活动场所和活动氛围不尽如人意（占34%）、参加人数太少影响力不足（占31%）、参与者对所选书目不感兴趣（占19%）、组织工作过于繁杂（占12%）、资料准备工作不足（占9%）、报名人数过多（占5%）等。

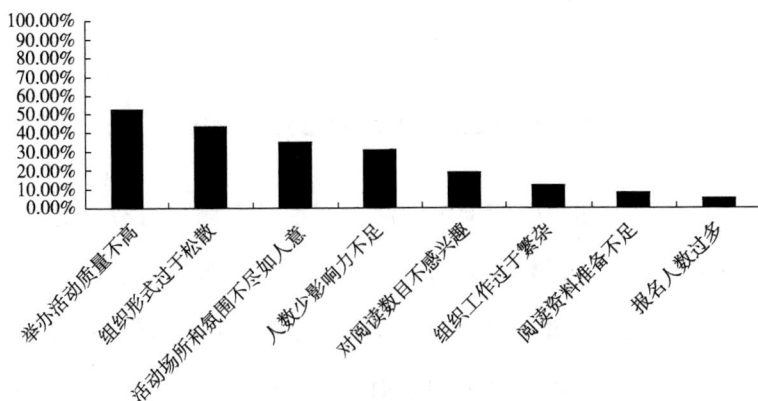

图10-5 组织者认为民间阅读组织存在的问题

综上所述，参与者和组织者对于民间阅读组织存在的问题看法大致相同，都认为是民间阅读组织举办的阅读活动质量不高，在阅读选择书目、组织形式、活动氛围等方面存在一定问题。有所不同的是参与者会比较看重讨论程度、充分交流等沟通环节的问题，而组织者则考虑组织工作、活动总结等方面的问题。

综合运用扎根理论得出的影响因素的分析框架和通过调查问卷得出的影响因素，在民间阅读组织基本特征、运行方式的内容中已有所论述。下面从宏观政策、社会环境等外部因素和其自身层面因素等方面加以梳理。

第二节　宏观政策因素

2017 年 3 月，《全民阅读促进条例（征求意见稿）》（以下简称《条例》）发布，关于全民阅读的首部正式立法呼之欲出。《条例》第十七条提出："国家鼓励和支持文化团体、教育机构和其他社会组织发展专业阅读推广机构并提供公益阅读服务。"阅读推广的外延非常广泛，各类有助于全民阅读的活动、行为、设施、机构、人员等都可以归类其中。显然，这一规定缺乏有效的政策支持，太过宽泛。近年来，全国各地都在努力推进全民阅读活动，试图营造书香城市的城市文化氛围。北京在开展全民阅读过程中，重视发挥民间阅读组织的作用，但由于尚未制定有关全民阅读的地方性法规和地方政府的规章，仅在一些活动方案和评选过程中体现对民间阅读组织的支持，这是远远不够的。

没有宏观政策的指导和长期发展规划，民间阅读组织就缺乏持续性的发展后劲。美国、英国、新加坡等国家的民间阅读组织发展顺利，其原因之一是政府为民间阅读组织制定了国家发展战略和计划。因此，一定要处理好政府与民间阅读组织的关系。政府掌握国家文化资金专项拨款，但自上而下的

阅读推广模式经常忽视民间需要，而民间阅读组织则面临场地、资金的诸多制约，因此，官方与民间只有达到资源的最优化配置，才能更好地发挥作用。阅读本质上是私人化的事情，政府的大包大揽对真正的阅读推广作用不大，所以政府应变主导为引导，培养资助扎根于民间的优秀读书组织。但政府的作用不应只局限于提供资金、场地等物质支持，更要体现在颁布一些法规条例以提供法律意义上的规范与引导。例如 2012 年张家港市发布了《张家港市"书香城市"建设指标体系》，将"阅读组织"列为评价建设"书香城市"的硬性指标之一，并明确了政府要从资金、场地等方面对读书会等民间阅读组织起初给予大力支持。此外，北京有关部门也应该及时对民间阅读组织的活动、作用等情况进行总结，将成熟的经验上升到法规制度层面，这既是对民间阅读组织作用的充分肯定，也是从制度上对民间阅读组织的指导和引领。

第三节　社会环境因素

社会环境是制约民间阅读组织发展的显著因素。现代公益组织发展的一个前提就是政府、社会、个人公益意识及公益制度的良性发展。目前由于资源不足和公共资源分配机制的限制，政府部门对于公益组织的关注和扶持还不到位，从而使民间阅读组织生存的土壤相对贫瘠。企业对民间阅读组织的资助是其发展壮大的一个重要因素，但是由于我国对公益赞助相关激励机制不够健全，制度也不够完善，因此企业对公益文化的赞助积极性并不高。尽管也有民间阅读组织获得政府、企业资助和扶持的案例，但这种资助、扶持仍然充满不确定性。正是由于政府和企业支持的双重缺位，因而导致民间阅读组织的造血功能不足。换句话说，社会环境的不理想，注定我国民间阅读组织从一出生就营养不良。总之，在社会环境没有得到显著改善的情况下，民间阅读组织的发展之路仍将比较艰难。

许多民间阅读组织只是靠组织者的爱好、兴趣建立起来，但要想长远发展，仅靠民间阅读组织内部的力量还远远不够，需要争取外部力量支持，比如申请政府项目、企业资金赞助等，前提都要求民间阅读组织具有登记注册、独立法人的"合法"身份，而目前多数民间阅读组织并不符合独立法人的登记注册条件。民间阅读组织生发于"民间"，实践经验少，缺乏系统的理论研究，而且各民间阅读组织之间的联系也很分散，缺乏组织指南的引导性文件。整个城市系统推广民间阅读组织的工作还没纳入常态，负责阅读推广的相关机构还没有对人员培训加以重视，因而无法对民间阅读组织进行大规模的专业指导。虽然2014年北京曾举办过共同阅读促进大会暨首届民间读书会发展交流大会，但其仅限于民间的行为，还未上升到地方政府层面。媒体的关注与宣传也是民间阅读组织发展不可或缺的因素。光明日报、中国新闻出版报、新京报、北京晨报、北京晚报等对民间阅读组织进行了报道。豆瓣小站、人人小站、微博、微信等交流分享平台，对民间阅读组织的活动进行了宣传。电视、广播也做过不少节目，对民间阅读组织进行过推介。但总体而言，这些对民间阅读组织的报道和宣传都零散不成系统且介绍性内容多，对民间阅读组织的价值深入挖掘不够。

第四节 自身层面因素

制约民间阅读组织发展的自身层面因素主要有四方面。

一、经费因素

经费不足问题是目前各民间阅读组织发展面临的最大制约因素，因为调查发现经费不足排在所有民间阅读组织发展受制约原因的首位。因经费的制约，使得民间阅读组织的活动规模受到很大限制，他们举办活动必须控制成

本。一个民间阅读组织如果要坚持活动，一年至少需要活动经费上万元，但经费从何而来，确实是一个难题。一般而言，民间阅读组织获得经费的渠道主要有三个：会员会费或会员捐资、筹资；企业、社会赞助；政府购买服务或资助。抽样调查结果显示：北京八成以上的民间阅读组织未得到过政府部门直接或间接的资助。由于民间阅读组织的社会影响力尚处于培育阶段，通过后两个渠道取得经费难度大，资助力度也小，且多为一次性资助，因此主要还是靠组织成员临时筹集、捐助，但这种模式不具有可持续性。

不仅普通的民间阅读组织在经费上存在巨大困难，正式注册的民间阅读组织也为经费所困扰。由于没有找到成熟的运营模式和资金募集途径，很多读书组织最初是由发起人个人或其单位出资，后期的运行费用则难以为继。由于没有经费保障，很多民间阅读组织的专职人员从未拿过工资。调查显示，能得到政府和企业赞助的民间阅读组织寥寥无几，维持组织运转的经费主要靠会员自发捐赠或采取 AA 制，资金有限且得不到保障。民间阅读组织日常活动开销也是一笔不容忽视的成本。目前许多民间阅读组织的开销是由发起者自愿支付，或者要求参与者缴纳费用。但这两种方法并非长久之计，因为发起者的资金有限，无法满足民间阅读组织的长久发展，而缴费方式会削减部分参与者的热情。要发展成主题丰富多元、形式灵活多样、参与成员来源广泛、具有稳定活动场所的民间阅读组织，仅靠其自身力量明显不够，必须谋求社会上持续、稳定且充裕的资金，需要政府给予政策和经费上的支持。

二、场地因素

场地因素是民间阅读组织开展活动面临的重要问题，大部分民间阅读组织活动的展开都需要一个安静、舒适、私密、自由且有文化气息的场地，像城中公园、广场等公共免费空间很难满足其要求。比如，北京同道学园的活动组织曾经换过三次场地，第一次是在学校，第二次选在某一公共图书馆，最后又搬到一个咖啡馆，直到 706 青年空间为其提供了一个舒适的场地，才算安定下来。类似同道学园能找到安稳的活动场地的民间阅读组织尚属少数，不少民间阅读组织都面临活动场地受限的问题。因为许多民间阅读组织都是公益性质，在北京地价昂贵的现实条件下租赁公寓成本非常高，如何在这个嘈杂的城市中为民间阅读组织找到一个僻静的文化场所困扰着许多民间阅读组织。在调查访谈中我们发现：北京仅有约一成的民间阅读组织拥有自己的活动场所，绝大部分民间阅读组织缺乏固定场所，大多民间阅读组织举办活动的场地主要是通过临时借用、租赁等方式获得。为了减少成本开支，民间阅读组织一般活动会选择在书店、书吧、咖啡厅、会所，还有少数场地选在公共图书馆、网络虚拟空间、单位活动室。民间阅读组织活动场所无法得到保障也是造成读者群不稳定及活动成本增加的原因。

三、人员因素

民间阅读组织的成员多为兼职，专职人员极少。缺乏优秀的管理者和参与者是民间阅读组织面临的又一个问题。大部分参加民间阅读组织的都是志愿者，他们几乎没有报酬，参与活动的全是义工。此外，民间阅读组织缺少职业化和专业化的阅读指导人员。阅读活动虽然开展得轰轰烈烈，但质量并不高，在选择书目、组织形式、活动氛围等方面存在不少问题，这也折射出阅读推广者或故事讲述人的准入门槛较低，亟须得到重视。不少阅读推广人没有经过培训，不知道如何专业地表达阅读内容。民间阅读组织要想长远且高质量发展，必须有优秀成员的参与，并且要有定期、专业的培训。

由于民间阅读组织大都是十分松散的组织，参与者对创始人的依赖性很强，一旦创始人无法投入足够的精力和热情，又很难找到其他人替代，那么民间阅读组织就很容易停止活动甚至解散。民间阅读组织多由个人自发组织起来，所以民间阅读组织人员构成的稳定性也不够。内部组织松散的民间阅

读组织在活动紧凑的时候，容易暴露出缺乏专职人才的劣势，主持活动、制作海报、对外宣传、安排会场、联系嘉宾、接待会员等工作有时只能一人身兼数职，甚至是无偿服务，但这需要组织者有极大的奉献精神和对阅读的热爱才能坚持下来，但这不是长久之计。可见，专职人员的严重不足和专业化的阅读人才缺乏是民间阅读组织发展的又一重要制约因素。在对北京民间阅读组织的调查中发现：有专职工作人员的阅读组织不到三成。正式注册的阅读机构中，有专职人员的机构也只是少数，更多的则是通过征集义工来解决人手不足的问题。但志愿者水平参差不齐，自身素质、专业技能及实践经验都亟待提高。人才制约还体现为各民间阅读组织中专业化人才少，特别是缺乏组织管理、阅读项目（品牌）策划与管理、阅读研究等方面的人才，这在一定程度上导致阅读组织的活动内容、形式乃至发展模式同质化。

四、管理因素

民间阅读组织管理水平低下是民间阅读组织普遍存在的问题。这也与我国民间阅读组织培育时间相对短暂、发展总体水平不高有关。在对北京民间阅读组织的调查中发现：只有23%的民间阅读组织正式注册，多数组织仍处在传统的读书会阶段，既无章程也无稳定的管理团队。不仅民间阅读组织的管理机构不完善，而且组织负责人的管理能力也很欠缺。调查显示：仅有21%的组织负责人参与过政府部门或公益机构针对NGO组织举办的业务培训，大部分民间阅读组织内部缺乏系统的管理机制，这极大地制约了民间阅读组织的活力和持续发展能力。

民间阅读组织在发展过程中，大都是仅靠阅读组织负责人的筹划、参与者的兴趣和共同的理念来维持民间阅读组织的运作。各民间阅读组织之间缺乏联系，缺少经验交流，各自独立运营，明显欠缺有效组织和管理指导。不少民间阅读组织没有具体的规章制度，大都是凭着组织者的热情和投入足够的时间进行策划活动。事实上，通过调查我们发现，很多民间阅读组织已不复存在，其中一个很重要的原因是民间阅读组织缺乏有效的组织和管理，具有很大的随意性。一旦组织者无法投入足够的时间，民间阅读组织就很难继续运营下去。

第五节　指导与服务因素

一、公共图书馆对民间阅读组织的支持力度不够

多数民间阅读组织至今仍未解决的问题有：免费的场地提供、志愿者和相关人员的培训指导。这些问题的解决都需要公共图书馆积极支持。在国外，公共图书馆在为民间阅读组织免费提供场地、相关人员培训等方面起到了不可替代的作用。欧美国家的民间阅读组织活动通常以公共图书馆为核心，广泛发展合作伙伴，整合社会力量。比如美国国会图书馆图书中心和其管理下的州图书中心，大部分设立于州图书馆或其他大型公共图书馆，是阅读推广活动的主要推手。公共图书馆在场地方面有先天优势，能够为民间阅读组织提供活动场地。公共图书馆有专业的图书馆管理员和大量的志愿者，只要公共图书馆加强对民间阅读组织的支持，便能促进其快速发展。

国内民间阅读组织的发展尚处于初级阶段，缺少必要的行业规范与建设标准。不仅民间阅读组织个体在生存与发展方面临个性化难题，而且民间阅读组织在整体上存在各自为政、缺少统筹协调的问题，尚未集结成一个实质意义上的阅读推进共同体。尽管近年来在全民阅读的大背景下民间阅读组织不断发展壮大，全民阅读立法工作也取得很大进展，但对民间阅读组织行业发展而言，一些具有共通性的规范文本仍然是缺失的。缺少由权力机构批准、供各民间阅读组织共同依照的行业标准，如工作规程、组织章程、管理制度

等规范性文件。宏观设计层面缺少针对各类民间阅读组织的发展推进体系，比如，公共图书馆主导的读书会应该如何在各层级之间推进，推进过程中是否有标准或模式可供采用等，能够回应类似问题的民间阅读组织推进机制尚未建立。从开展阅读指导、读书交流等阅读活动的角度看，公共图书馆存在各自为政的状况，不能在服务功能和程序上实现标准化。公共图书馆在开展阅读推广，包括民间阅读组织建设方面的能力、程度和效果千差万别。

二、缺少专门机构负责对民间阅读组织的管理与服务

2014 年至今，全民阅读已连续 8 年被写入政府工作报告，在全民阅读成为一项政府倡议并上升至国家战略高度的背景下，包括北京在内的各省市新闻出版部门成为阅读推广和书香社会建设工作的行政主管部门。《全民阅读促进条例（征求意见稿）》从第十一条到第十七条列出了五大类国家鼓励推进全民阅读的主体，涵盖了社会与阅读相关的各类机构、组织与个人，为阅读推广搭建了一个广泛的全民阅读主体结构。而由文化部门主导的公共图书馆系统也在开展阅读推广活动。

一方面究竟由哪个主体应该在阅读推广中发挥主导作用，才能形成一套具有示范效果和推展效应的机制或程序，以带动各个层面阅读推广的实施，这是一个关键问题。核心主体的不明确和多部门的交叉管理，导致阅读推广的责权利的主体性不强，从而难以有计划且有针对性地细化和落实全民阅读事业。

另一方面民间阅读组织联盟的约束力弱。目前，北京等地区都有面向本地区乃至全国民间阅读组织联盟的集体活动，这无疑有益于各地区民间阅读组织的团结互助与共同进步。但是民间阅读组织联盟仅是一个相对松散的集合，没有权属定位或管理协调的功能与义务，对各个民间阅读组织无法产生约束力。同时，民间阅读组织联盟的身份和功能未受到官方认可，各个民间

阅读组织的活动也多停留在交流与讨论的环节，尚不能形成一个联盟内的各个民间阅读组织由来自垂直关系的主导、协调或管理的主体机构。

第六节　读者层面因素

一、读者加入民间阅读组织的门槛偏低

民间阅读组织以个人兴趣为基础，将原本毫无关系的社会个体和组织聚集在一起。但严格意义上，民间阅读组织需要围绕阅读本身对进入这一组织的个体进行把关、筛选和细分，建立具有约束性的准入机制，以确保组织内部的纯洁性和目标一致性。但事实上各类民间阅读组织都缺乏一套行之有效的准入机制。有的民间阅读组织完全不设门槛，只要组织外的人士有加入意愿，民间阅读组织微信群的群主或负责人就将其拉入读书群组。这导致很多民间阅读组织的线上线下群体十分臃肿、庞大，甚至超过几千人。还有很大一部分民间阅读组织采用人际"滚雪球"的办法，微信群内的读者"申请入群"即可加入成为会员。在这种情况下，微信群内的所谓会员越来越多，但究竟有多少人活跃在阅读活动中，有多少人在群内属于"僵尸粉"，这实际上是难以把控的。

二、缺乏对参与者的阅读需求细分

调查发现，75%的民间阅读组织没有设置读者的职业或群体门槛，是面向社会各界人士开展读书活动，所有人都可以报名参加。尽管民间阅读组织本身是从培养阅读兴趣出发，职业、年龄、学历等背景性因素是从属的，但如果组织过程中对读者的阅读基础、阅读能力、阅读偏好等不做细分处理，那么参与者对民间阅读组织的依附感以及参与者之间的黏合力就不够充分。

三、缺乏对参与者的阅读效果评估

推进全民阅读的核心意义在于通过阅读活动的普及，提升公众的文化素养，形成爱读书、读好书的社会文化氛围。作为推进全民阅读的重要实施单元，各类民间阅读组织的读书活动究竟有没有达到其阅读效果，研究和实践两个层面对此都缺少相应的评估。虽然读者加入民间阅读组织或参加民间阅读组织活动之后，日均阅读时长整体都明显增加，但阅读时长仅是阅读效果的测量指标之一。目前还未查到对民间阅读组织读者阅读效果的专门讨论和相关研究。

第十一章　北京民间阅读组织的发展路径

北京民间阅读组织具有分布广泛、数量丰富、类型多元、读者众多等特点。如何结合市情，从立法决策、孵化培育、运行规范以及读者建设等层面推进民间阅读组织的发展，不仅影响民间阅读组织的实践效率，更在一定程度上影响着全民阅读的推广效果。本章从政策完善、机制培育、自身发展等方面提出对北京民间阅读组织发展路径的建议。

第一节　完善政策制度

由于民间阅读组织的性质是非营利性民间组织，因此，为保证其一系列活动的有效实施，需要有政府的政策保障。政策有狭义和广义之分。狭义的政策仅指国家法律体系中的法律法规，广义的政策指国家为了满足人民日益增长的文化需求所制定发布的文件，包含促进民间阅读组织发展而制定的各种法律文件、政策法规、发展规划等。本研究主要指的是广义的政策文件。

一、国家层面

2006 年，中央宣传部等国家相关部门发布《关于开展全民阅读活动的倡

议书》，强调全国要积极开展全民阅读活动。要求"发动全社会的力量，积极发展民间阅读组织，发挥其补充作用"，这也是首次在全民阅读政策中提到民间阅读组织，标志着民间阅读组织发展政策的萌芽。2011 年"中国首届民间图书馆论坛"的召开，标志着民间阅读组织已经开始迅速发展并且得到社会各界的认可。2016 年 2 月 15 日，国家广播电视总局就《全民阅读促进条例（征求意见稿）》向全社会公开征求意见。立法是以法规形式将阅读纳入法制化轨道，促使阅读工作常态化、制度化，为民间阅读推广提供法律保障，为民间阅读组织行为合法化提供依据。2016 年国家《慈善法》颁布，2017 年 12 月 1日《志愿服务条例》开始施行。在此背景下，民间阅读组织迎来发展良机。

我国民间阅读组织的发展需要一个历史过程，相关的政策发展也是循序渐进。在国家政策发展的过程中，文件的内容也在不断地发展变化，而基本语境也就有所不同。2006 年，在《国家"十一五"时期文化发展规划纲要》提到"各级政府要发挥主导作用"，并从 2011—2015 年的描述都有"政府主导、政府引导"等词语，这表明在民间阅读组织发展的政策中，对政府的定位非常明确，即政府在推进民间阅读组织发展的进程中，始终起着引导和主导的作用。从 2010 年以后相关的政策文件中开始出现"协会、联盟"等词语，为保障其健康稳定的发展，我国开始重视对民间阅读组织的管理，积极推动建立相关的联盟、协会，引导民间阅读组织稳定发展。

在 2010 年、2011 年、2012 年和 2014 年的政策文件中都明确提出"民间阅读组织"和"民间读书组织"这两个名词，2011 年国家政策文件提出发挥"民间阅读、读书组织"的力量，2012 年提出发展"民间阅读、读书组织"，成立"民间阅读、读书组织"联盟。到 2014 年国家政策文件出现"培育 1~2 个民间阅读组织"，这些体现了相关政策从宏观到微观、从形式到实质的变化。[①] 2010

---

① 韩丽. 民间阅读组织相关政策文本研究［D］. 保定：河北大学，2016.

年相关政策文件首次提出"引导民间阅读组织，鼓励资金参与全民阅读"，2012 年国家政策文件提出"建立专项资金，加大对阅读的扶持力度"，2013 年、2014 年及之后每年都提出政府加大对阅读的资金投入，财政部门加大对其资金的投入。从近几年的政策文本来看，我国逐渐加大资金的投入力度，从没有明确的目标和主体到现在有主体和目标，政策变化体现了我国政府对民间阅读组织的发展越来越重视。目前的关键工作是尽快促成《全民阅读促进条例》的颁布通过，结合其他相关的法律法规，形成较为完善的民间阅读组织规章制度体系。

二、地方层面

江苏、湖北、四川、辽宁和深圳这四省一市都颁布了全民阅读的地方性政府规章。这些法规将"阅读权利""政府引导"和"社会参与"列入了条例，把政府、社会、个人三方作为全民阅读的推进力量。江苏、湖北两省和深圳特别明确了社会力量在全民阅读活动中的作用。2013 年吉林省全民阅读协会成立。2015 年 3 月 1 日开始实施的《湖北省全民阅读促进办法》中明确提出，"鼓励发展民间读书组织，成立湖北民间读书组织联盟"。2016 年 4 月 1 日《深圳经济特区全民阅读促进条例》（以下简称《深圳条例》）正式实施，将民间阅读组织、志愿组织列入其中，条例设计了阅读推广人制度，鼓励具有阅读推广专业知识和阅读推广实践经验的民间阅读组织和个人作为阅读推广人，为工厂、学校、社区、养老院、福利院、军营等单位提供公益阅读推广服务。《深圳条例》未来会让成千上万个读书会出现在深圳，这对于完成一个城市的现代化转型具有非常重要的意义①。

虽然北京在文化发展规划和"阅读北京"行动计划等政策文件中，都提

---

① 游春亮 . 业内人士解读深圳全民阅读条例：立法并非干涉阅读行为［N］. 法制日报，2016-04-26（9）.

到充分调动社会力量，深化全民阅读，但目前还没有制定专门的全民阅读促进办法等地方性政府规章，在政策制度上还不能适应快速发展的民间阅读组织的需要。这需要北京在民间阅读组织的顶层设计方面加大工作力度，尽快出台全市性的全民阅读推广和民间阅读组织扶持政策、制度等地方政府文件以及相关细则、发展规划，以保证民间阅读组织的健康发展。

三、微观层面

目前，针对北京民间阅读组织发展中存在的没有专门的管理人员和组织管理制度、组织内部的人员素质参差不齐、缺乏自身活动的固定场所，以及经费紧张等限制民间阅读组织发展的主要问题，政府要在制定全民阅读地方政府规章以及文化发展规划、全民阅读实施方案等政策文件的基础上，联合社会力量，提出切实有效的措施，解决民间阅读组织发展存在的实际问题。

一是明确民间阅读组织的性质、功能、定位，使各种类型的民间阅读组织有合法的身份，有助其完善组织机制、更充分地开展全民阅读推广、更广泛地吸收社会力量参与，促进其在推动全民阅读进步中发挥更大作用。

二是建立财政专项资金和民间阅读组织专项发展基金，加大对民间阅读组织的财政资金支持力度，保障民间公益阅读推广组织发展的长效机制。

三是降低民间阅读组织的民间团体注册门槛。民间阅读组织是一种由民间自发形成的公益团体，民间阅读组织发展还处于发展初期阶段，很多组织难以达到民间公益团体注册资格和条件要求。因此，政府应进一步降低民间团体的注册要求、简化注册流程，引导民间阅读组织朝合法化、规范化方向发展，使其协助政府承担部分社会管理和社会建设的功能①。

四是加强场地、资源支持。积极做好地区的资源优化配置，将地区闲置

---

① 巫慧. 从我国全民阅读调查数据看阅读立法的必要性与可行性 ［J］. 知识管理论坛，2015（2）：27-30.

或者废弃的场地进行统一整合,方便民间阅读组织使用。尤其是应建设更多的公共阅读空间,并将其发展成为民间阅读组织的根据地。这对于民间阅读组织的场地保障、人员保障、书籍资源保障等具有基础性作用。

五是提高管理人员素质。重点培养既有相关专业知识又有一定组织管理能力的阅读服务人员,进一步服务读者,有效促进民间阅读的发展。对民间阅读组织的相关负责人进行管理培训,提高其组织管理能力。

第二节　建立孵化与培育机制

在培育民间阅读组织发展方面,各国都采取了诸如成立民间阅读组织发展协会等措施。比如,日本影响力较大的民间阅读协会有三个:一是读书周实行委员会,由包括出版社、图书馆、书店以及新闻文化机构在内的共三十余家单位组成,每年秋天组织为期两周的读书周活动。二是读书推广运动协会,成员有日本研究籍出版协会、日本杂志协会、教科书协会、日本出版经销协会、日本研究店商业公会联合会、日本图书馆协会和全国学校图书馆协会,主要负责儿童读书周、敬老日阅读推荐、年轻人阅读推荐的工作,并专门设立"读书推广奖"。三是财团法人文字·活字文化推进会,由日本图书出版业、报业及业界相关单位组成,主要致力于学校和社区的儿童阅读推广工作。再比如,新加坡的读书会发展协会负责协助新加坡读书会的筹建,主办读书会培训课程,培养读书会种子会员及领导人并让其担当与新加坡读书会之间的联络人,协助其互相联系与协作①。新加坡读书会发展协会的成立,推动了新加坡的阅读活动,提升了新加坡的文学艺术风气,各个领域、阶层、区域的读书会都得以发展,还推出了读书会咨询服务、网络读书会服务、出

---

① 胡文雁. 发展中的新加坡中文读书会 [J]. 出版参考, 2004 (5): 31-37.

版读书会刊物等①。在国内，为适应全社会新的阅读服务需求，加强图书行业与读者的紧密联结，充分发挥民间阅读组织的积极作用，2019年4月1日，韬奋基金会正式成立全国性的"阅读组织联合会"，这不仅有助于扩大韬奋基金会的社会影响力，同时也必将推动民间阅读组织更加规范化、有序化，从而有效服务于全民阅读事业。

就地方和行业阅读组织联盟情况看，目前在地方层面有吉林省阅读联合会、深圳市阅读联合会和苏州市全民阅读促进会等阅读促进组织。2015年首都高校各类阅读社团、阅读爱好者组织自愿联合发起成立青年阅读组织联盟，联盟以"引导青年阅读、鼓励青年分享"为宗旨，致力于开展首都大学生的阅读推广活动。国内其他地方还没有设立阅读管理机构，这不利于阅读活动的开展和推广。政府部门承担推进全民阅读、建设书香社会的任务和功能，很难将管理触角延及阅读推广的各个责任单元。

建议北京借鉴国外和国内其他地方的经验，将政府阅读推广的部分职能转移，建立民间阅读组织协会，以此充当政府与民间阅读组织之间的桥梁，发挥行业指导、培训、协调、监督等作用。同时，政府财政部应将民间阅读组织行业协会纳入财政预算对象范畴，拨付专项经费用于行业协会的管理和服务，由此让加入协会的各类民间阅读组织会从中受益。民间阅读组织行业协会可汇聚有关专业机构和民间阅读组织的力量，推动全民阅读发展，对与阅读有关的服务事宜进行专业化管理。比如：开展对北京市阅读状况的研究，进行全民阅读指数的设计与发布；阅读人才的培养，承接阅读推广人公益培训工作，建立培训标准和评级制度；承接政府职能转移工作，执行各种评选和项目评审工作；为会员单位提供申请经费、资源共享等服务；成为民间阅读组织的桥梁，加强组织之间的联络；与国内外阅读推动组织交流等；给众

---

① 陈洪涛. 阅读改变人生："读吧，新加坡"活动及其启示［J］. 江西图书馆学刊，2005（4）：79-81.

多民间阅读组织提供研究、咨询、培训的服务，并通过沟通、借鉴、帮助、互补等方式让民间阅读社群朝着专业化、可持续的方向发展。

第三节　激发内生发展动力

民间阅读组织的发展是一个需要全社会关注支持的系统工程，既涉及外部环境支持的问题，也存在自身内在发展动力不足的问题。长期以来，一些自发组建的、纯公益性的民间阅读组织因为存在缺少良好的运营模式、自身造血功能不足、可持续性较弱等问题，直接制约了民间阅读组织的发展。调查中发现，参与者对于改善民间阅读组织建议从以下几个方面进行改进（如图11-1所示）：民间阅读组织活动组织者发言人的水平和能力（占53%）、民间阅读组织的活动形式和研读方法（占47%）、民间阅读组织的组织人员与参与人员的沟通与互动情况（占42%）、通过多种渠道向公众提供民间阅读组织的研读成果（占35%）、加强宣传吸引更多爱读书者积极参与（占34%）、民间阅读组织的活动理念和宗旨（占31%）。

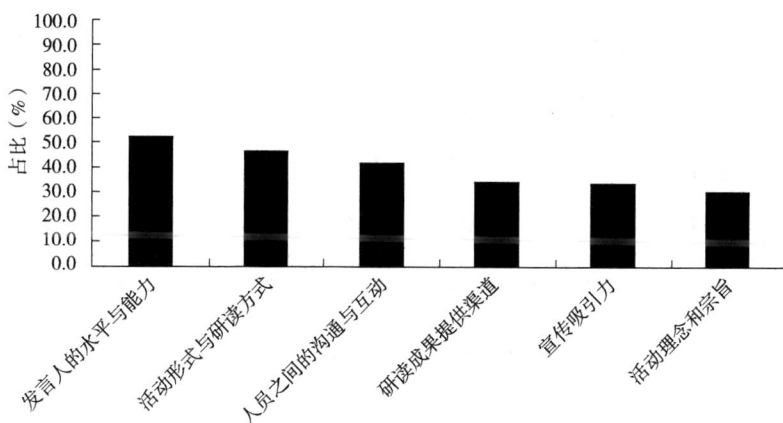

图11-1　参与者对改善民间阅读组织的建议

组织者建议可以从以下几个方面改进民间阅读组织（如图 11-2 所示）：民间阅读组织的活动形式和研读方式（占 64%）、民间阅读组织的组织人员与参与人员的沟通与互动情况（占 58%）、加强宣传吸引更多爱读书的人积极参与（占 57%）、民间阅读组织发言人的水平和能力（占 56%）、通过多种渠道向公众提供民间阅读组织的研读成果（占 47%）、民间阅读组织的活动理念和宗旨（占 27%）。

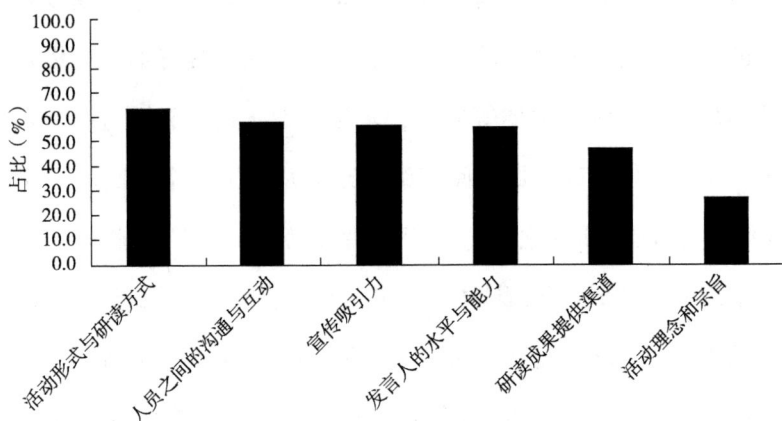

图 11-2　组织者对改进民间阅读组织的建议

由此可见，参与者和组织者都希望阅读活动可以在活动形式、前期宣传、后期整理等方面对活动组织的质量进行改进。

民间阅读组织者还希望能得到以下几个方面的帮助（如图 11-3 所示）：优秀成员的参加（占 79%）、免费场地的提供（占 62%）、志愿者的帮助（占 47%）、资金资助（占 46%）、媒体宣传（占 44%）。同时，有一定知名度和公信力的学者参与、对组织者带领者的培训等也是民间阅读组织组织者关心的问题。

由此可见，优秀成员的参加对于民间阅读组织者来说是最为迫切的需求，这些成员的参加能在很大程度上提高民间阅读组织的活动质量。场地、志愿

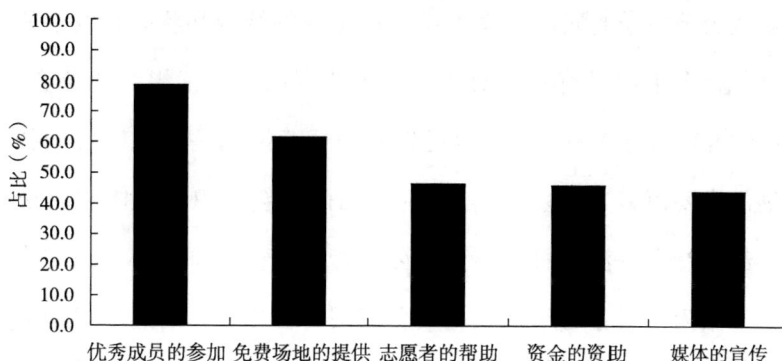

图 11-3　组织者希望得到的帮助

者和资金的支持也是民间阅读组织财力、人力所要补充的方面，这关系到民间阅读组织未来长远的发展。总之，就民间阅读组织自身而言，要着重做好以下四点。

一、保持"民间性"的属性定位

从世界范围看现代社会组织成长和良好运行的核心是自治和共治，这个核心特征要求社会组织与其他部门保持一定距离，着眼于社会和公众需求，形成自己的行动目标、范围和策略。在我国特殊的社会语境内，民间阅读组织应一方面与公共部门保持密切合作伙伴关系，一方面保持决策和行动的自主性，与公共部门尤其是政府部门保持恰当的距离。就我国民间阅读组织目前发展状况而言，即要推动"政社分开""权责明确""依法自治"，也就是要实现"自主性"①。

二、要建立和完善适合的发展模式

发展模式是组织的发展愿景、发展动力、管理机制、协调机制、执行能

---

① 姚华. NGO 与政府合作中的自主性何以可能?：以上海 YMCA 为个案 [J]. 社会学研究，2013（1）：23-28.

力和创新能力等各个要素高效率地结合所呈现的结构和状态，发展机制的建立对于现代社会组织具有重要意义。在对北京民间阅读组织的调查中发现：87%的受访者表示建立一个适合自己发展的运营模式是"决定民间阅读组织未来发展的主要因素"。鉴于当前政府层面的社会组织支持体制尚未建立①、民间阅读组织社会关注度总体不高、公共资源获得比例较小、组织专业水平较低等制约因素，当务之急是建立一个能调动各方资源的运作机制以吸引大型企业和公益基金加入，与阅读研究机构建立紧密的战略合作关系，形成以政府和社会资本为保障的民间阅读组织运作机制。此外，商业化、产业化可令民间阅读组织摆脱发展困境。调查显示：儿童和亲子类图书市场需求强烈，"阅读从娃娃抓起"的倡议为儿童和亲子类民间阅读组织提供了良好的商机，而政府愿意支持儿童和亲子类民间阅读组织的发展，由此，儿童和亲子类民间阅读组织开始成为联结出版社、政府和社区居民的桥梁。儿童和亲子类民间阅读组织产业链结构初具形态，最有可能率先实现产业化，未来这也会对其他类型民间阅读组织的发展提供创新借鉴。

三、不断提高资源募集能力

民间阅读组织的资源大都通过社会募集而来，因而募集资源的能力和途径成为民间阅读组织的核心问题。一般来说，民间阅读组织募集资源的途径有三种：一是通过政府部门的支持，如经费补贴、购买服务、提供办公及活动场地、培训人员等。二是通过企业捐赠，如实物捐赠、现金捐赠、提供带薪全职义工等形式②。三是个人捐赠。由于个人捐赠规模较小且不稳定，就未来发展而言，民间阅读组织应当主要依靠政府和企业赞助，最终发展为自主

---

① 王名等. 谈谈加快形成现代社会组织体制的问题 [J]. 社会，2013（3）：34–37.

② 官有垣，邱连枝. 非营利组织资源募集策略变迁之研究：以台湾联合劝募组织为例 [J]. 中国非营利评论（第5卷）. 北京：社会科学文献出版社，2010.

管理、自主发展的社会组织。为了募集足够的资源，民间阅读组织需要采取积极有效的推广策略，在策划项目过程中要与募集对象的潜在和显在需求相吻合，从而增加项目的吸引力。

四、组建优秀的运营管理团队

良好的管理是民间阅读组织健康发展的关键。一个优秀的民间阅读组织运营团队必须要有一支少而精的专职人员队伍。这支队伍的成员要懂得 NPO 组织管理和阅读活动运作，具有较强的执行力和凝聚力，不因一人一事而出现大的波动。运营管理团队的业务重心包括：建立决策及调适机制，制定符合组织宗旨与实际发展的目标和发展步骤，并在组织面临困难时采取灵活的策略摆脱困境；提高资金募集能力，为组织提供物质和经费保障；提升项目策划与管理水平，通过品牌管理推动组织水平不断提升；强化执行能力，高效率完成组织的各项任务；增强全民阅读影响力，在公众面前树立良好的形象；实现财务管理的科学与透明等。

五、探索建立专业化运营机制

民间阅读组织活动质量的高低、选题策划是否符合成员的兴趣爱好、筹备工作是否科学合理、活动氛围是否浓厚、读者的积极性是否得到充分调动等问题直接关系到民间阅读组织是否具有活力和吸引力。不少民间阅读组织在成立之初没有明确方向及合理规划，在实践中选题策划、筹备也比较随意，缺乏相对长期的规划和稳定的阅读方向。阅读活动随意性强、策划性弱，漫天式聊天，失去了作为一个民间阅读组织的"读书"本质。民间阅读组织作为一个去"中心化"的"扁平式"的组织，强调的是激发每位参与者的思考与分享阅读的乐趣，因此需要有丰富阅读经验和组织协调能力的领读者，带领组织成员围绕一个主题展开讨论和阅读。

民间阅读组织要想持续长久地发展下去，势必要走专业化运营道路。目前，一些民间阅读组织已经呈现出专业化发展倾向。比如，阅读邻居读书会除了读书会活动，又开发了 DIAO 计划、人文班、图书馆咨询等衍生服务。浩途读书会创始人利用自身的管理经验和专业知识，为读书会设计了操作手册，并形成了创新的商业模式。同道学园发展出一套深度阅读理论体系且已开始推广。一起悦读俱乐部创办人利用自身的工作经验，发展出一套儿童阅读和亲子阅读理论。三叶草故事家族制定了 5 项"绿洲计划"，分别针对不同领域的不同组织方式的阅读活动。被称之为"专业读书人网站"的全国民间读书会网站（http：//dsh.voc.com.cn/）已开设了 9 个栏目、1 个交易板块，为书友和作者搭建沟通桥梁，提供有价值、有品位、高层次的阅读。

综上所述，一个专业化的民间阅读组织需要固定的管理者，也需要科学而又适合民间阅读组织成员的选题策划，还需要高水平的领读人。民间阅读组织应加大专业化运营的探索力度。

六、建立有效的人员准入和退出机制

民间阅读组织应当从制度上建立有效的人员准入和退出机制，以保证社群内部目标的一致性，从而为其人员稳定和规模扩大奠定基础。在民间阅读组织准入机制方面，可采用线上问卷或增设填答项的办法，将一部分阅读意愿不太强烈，对加入阅读组织持无所谓态度的人员排除在外。同时，民间阅读组织负责人或运营人员可以根据会员注册信息进行条件筛选。在民间阅读组织监督与退出机制方面，可在阅读线上群组设置管理员或值日生负责监督和管理线上发言。每一位阅读参与者也有监督的责任，并可以用民主投票的方式决定不遵守规矩者的去留。此外，不少民间阅读组织存在发展定位不明晰的问题，导致阅读活动难以长期推进，参与者的阅读能力提升也参差不齐。鉴于此，民间阅读组织可以广泛利用大数据、人工智能算法推送的精准性和便捷性特点，对组织内部的读者偏好和读物需求进行细分处理，从而实现"读以群分""读以类分"的活动精准性。

第四节 民间阅读组织与公共阅读空间互动生发

在实体书店遭遇困境之际，字里行间、单向街等北京市比较活跃的几家独立书店，一直致力于打造集图书销售与休闲文化等相融合的公共阅读空间。"书店为读书会提供场地支持，出版社提供书籍资源，网媒提供媒介宣传，这是一种完美的结合，也是书店应对新时期、新市场的一种对策。"单向街书店店长武延平说。无论是网络民间阅读组织还是实体民间阅读组织，都是民间阅读组织在数字网络时代的延伸。李常庆说，读书会与教育、出版、图书馆之间，如何进一步打通关节，更好地合作开展读书会，值得各界探讨①。公共阅读空间是建设民间阅读组织的阵地和有效途径。

北京市自 2012 年起创建的新型公共阅读空间，是公共图书馆在推进覆盖全社会公共文化服务体系进程中的典型案例。这些公共阅读空间或称图书馆，或称藏书楼，或称城市书店，有的直呼"阅读空间"，虽然称谓不同、规模不等，但都是由政府与社会力量合作创办，主要面向社区提供文献资源、阅读推广、休闲娱乐等服务的文化空间。与公共图书馆等公共文化设施相比，公共阅读空间呈现出建设主体"跨界组合"、服务内容"业务混搭"、运营方式"公益性与经营性相结合"、空间设计"美学、生态、体验并重"等特征②。

一、北京新型公共阅读空间的兴起与发展

西方公共阅读空间兴起主要来自独立书店摆脱经营困境的转型发展。二

---

① 张妮. 民间读书会：温暖城市鼓舞人心［N］. 中国文化报，2013-11-29（8）.
② 王子舟. 我国公共阅读空间的兴起与发展［J］. 图书情报知识，2017（2）：4-12.

十世纪后期，随着科技的普及和各种新媒介的出现，特别是二十世纪末数字技术和互联网的迅猛发展，人们的消费方式发生了根本性变化，越来越多的消费者坐在家中购买纸质书和电子书①，由此改变了实体书店的生存环境，造成了独立书店的生存困境。与此同时，伴随着西方社会"文化和空间转向"思潮和以"拆迁""改造""更新"以及"世界化"过程为内容的城市转型进程②，独立书店开始寻求新的发展模式以摆脱经营困局，以英国福伊尔书店③、法国莎士比亚书店④、日本纪伊国屋·武藏小杉店⑤等为代表的独立书店，都在摆脱图书销售的单一发展模式，营造出阅读、休闲、交流等复合空间，以吸引读者光顾，其中包括新型独立书店在内的流行公共空间等不断涌现，城市新型社会文化空间逐渐形成。

进入二十一世纪后，随着数字阅读的影响和网络书店低价倾销、不断上涨的房租和员工工资造成的经营成本得不到有效缓解、自身观念陈旧或经营不善，以及盗版书屡禁不止⑥，国内的民营实体书店出现了严重的生存危机。实体书店第一个寒冬期出现在 2000—2004 年，有 70% 以上的书店开始转型、歇业，甚至倒闭。到了 2009 年，新一轮的书店倒闭潮来袭⑦。但随着现代公共文化服务体系的建立、文化创意产业的兴起、全民阅读的深入开展以及体验经济的崛起，一批民营书店打造的集阅读、休闲、交流等一体的公共阅读空间在各地悄然兴起，各种公益性的绘本馆、民间图书馆也尝试在基层社区建立公共阅读新场所。北京在推进全国文化中心和现代公共文化服务体系示

① 练小川．如何拯救实体书店？（下）［J］．出版参考，2011（24）：44-48.

② 朱竑，封丹，王彬．全球化背景下城市文化地理研究的新趋势［J］．人文地理，2008（2）：6-10.

③ 子萱．海外实体书店的生存之道［N］．中国文化报，2012-12-1（04）．

④ 许衍凤．全球最美 20 家书店生存之道的启示［J］．出版发行研究，2013（12）：9-11.

⑤ 吴琼，时晨．日本实体书店走出困境的路径研究［J］．编辑之友，2015（11）：109-112.

⑥ 陈含章．转型中的实体书店发展现状、问题与建议［J］．出版发行研究，2016（3）：44-47.

⑦ 刘苏里．独立书店的生存与解决之道［J］．中国民营书业，2012（1）：2-3.

范区建设进程中，将这些民间的公共阅读空间纳入公共图书馆基本公共文化服务体系，民营实体书店、民营图书馆、绘本馆等不同行业逐渐兴起的公共阅读空间正在融合发展，演化为公共文化服务的一种基本样态，满足市民日益增长的多样性文化需求。

本书通过文献调研、数据分析、区域统计等途径，对北京市阅读空间整体面貌进行概括性了解。调研发现：截至 2019 年底，北京市有各类新型公共阅读空间 310 家，分布在全市十六区（见图 11-4），在首都功能核心区的东城、西城和城市功能拓展区的海淀、朝阳公共阅读空间数量都超过 30 家，拓展区的丰台、石景山和房山、通州、顺义、大兴、昌平等城市发展新区的公共阅读空间数量在 10~20 家，门头沟、平谷、怀柔、密云、延庆等生态涵养区分布较少，均在 10 家以下。由此可见，公共阅读空间分布与人口密集程度以及文化发达程度密切相关，影响力和声誉较好的品牌公共阅读空间基本建立在文化功能突出、经济发展较快的东城、西城、朝阳和海淀四个区。

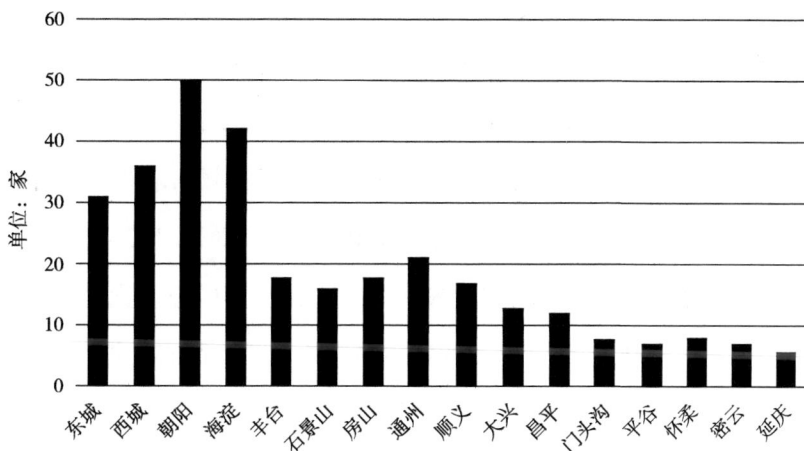

图 11-4　北京新型公共阅读空间分布

在发展样态上，呈现出四种类型（见图 11-5）。

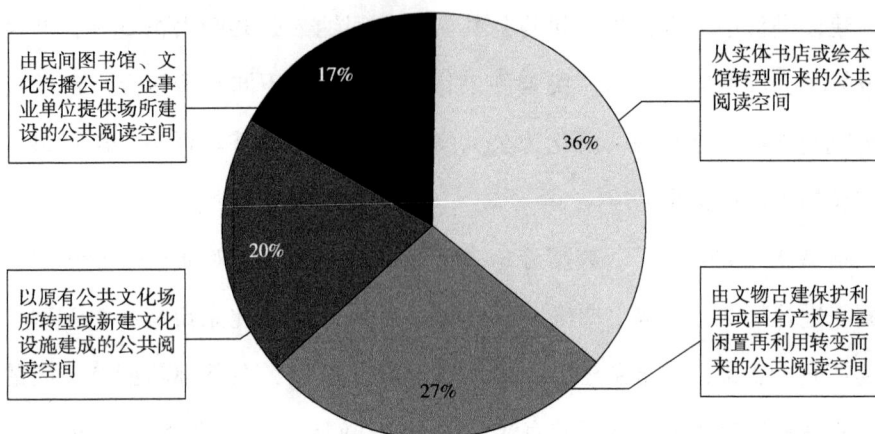

图 11-5 北京新型公共阅读空间样态类型

一是以书香驿站、甲骨文悦读空间等为代表，以公共文化场所或新建文化设施转型而来的公共阅读空间，这类空间占全部阅读空间的 20%；二是以砖读空间、宣阳驿站等为代表，由文物古建保护利用或国有产权房屋闲置再利用转变的来的公共阅读空间，约占比 27%；三是以民营实体书店、出版社读者服务部、儿童绘本馆等为代表，从实体书店或绘本馆转型而来的公共阅读空间，约占比 36%；四是以民间图书馆、文化传播公司、企事业单位为代表，由他们提供场所建设的公共阅读空间，约占比 17%。

这说明北京在建设公共阅读空间的过程中，不拘场所和形式，充分利用各种资源，为市民提供方便实用的公共阅读场所。调研发现，北京公共阅读空间快速发展的主要原因是北京市加大了对实体书店的财政支持力度，2019年扶持资金达到 5 000 万元，扶持的实体书店数量增长到 150 家。此外，各区利用现代公共文化服务体系示范区、基层公共文化服务设施社会化管理运营等创新试点的先行优势和丰富的历史文化遗存，将历史文化名城保护与疏解非首都功能、腾退空间公共化利用、提升城市文化品质紧密结合，因地制宜地多样化发展公共阅读空间，这也是一个重要因素。

二、北京新型公共阅读空间的特点

我们在东城、西城、海淀、朝阳四区中选取声誉好、影响大、利用率高的 9 家公共阅读空间，利用民族志方法进行了为期近半年的实地走访，对 9 家阅读空间做了田野调查（详情见表 11-1），用主位方法对其进行观察与分析，记录了现场信息，就价值体现、存在问题及发展建议等对公共阅读空间管理者和读者进行深度访谈，形成了日志、笔记等文本资料，获得了大量照片、语音、图像等影像资料，对每个阅读空间的建设、运营、服务等进行参与式观察。

表 11-1　北京新型公共阅读空间典型案例

空间名称	类型	样态形式	参与方式	占地面积	藏书数量	特色服务	流通人次/年	举办时间	所属区域
单向空间	民办公助	民营书店转型	政府补贴	1205m²（含分店）	3万余册	文化沙龙	6万人次	2012年	海淀区
皮卡书屋	民办公助	绘本馆转型	政府采购	510m²（含分馆）	1.5万余册	儿童阅读	8千人次	2012年	海淀区
金彩艺术图书馆	民办公助	民间图书馆转型	图书捐赠	208m²	10万余册	老年书画服务	5千人次	2012年	西城区
砖读空间	公办民助	文物古建利用	公共文化设施社会化运营管理	600m²	1万余册	京味文化讲座	20万人次	2012年	西城区
甲骨文悦读空间	公办民助	腾退空间转型	自然人投资运营管理	640m²	3万余册	大众阅读	6万人次	2014年	西城区
白云驿站	公办民助	闲置资产利用	社会机构运营管理	150m²	2万余册	图书换绿植	3万人次	2015年	西城区
朝内书香驿站	公办民助	文化场所转型	区社区文明推广协会运营	123m²	2万余册	自助阅读	4千人次	2016年	东城区

续表

空间名称	类型	样态形式	参与方式	占地面积	藏书数量	特色服务	流通人次/年	举办时间	所属区域
书香酒店	公私合作	酒店空间转型	文化PPP模式	80m²/店	1万余册	畅销图书	4万人次	2017年	朝阳区等
海淀图书馆北区	公办民助	新建文化设施	专业图书馆运营机构	2.9万m²	100万册	各类文化活动	40万人次	2017年	海淀区

根据上述调研分析，笔者总结了北京新型公共阅读空间的三方面特点：

第一，在建设主体上，充分发挥区级政府和社会资源两个优势，建设多样化公共阅读空间生态圈。

2012年西城区开始建设"特色阅读空间"，2014年北京市提出"阅读空间"概念，在建设中主要采取两种方式：一类是"公办民助"型。这一类型由区级政府提供设施空间，引入社会机构运营管理。2012年，西城区将北京文化古都早期标志之一的万松老人塔寺院这一历史文物古建进行改造提升，打造成全北京第一家非营利性公共阅读空间——砖读空间，由社会机构——正阳书局负责图书借阅服务和阅览室、展陈室、图书室等免费开放区域的运营维护。另一类是"民办公助"型，由社会机构提供空间设施，政府给予资源扶持。具体做法是：由区级图书馆提供专题性的纸质图书、电子阅读设施及电子阅读资源，并定期进行阅读资源更新，由社会机构提供空间和书柜等基础设施，并负责日常运营管理，如书香酒店、书香剧场等特色阅读空间。

第二，在运营方式上，采取政府购买服务、文化设施社会化运营及政府和社会资本合作（PPP）模式。

2013年，国务院办公厅转发文化和旅游部等四部门《关于做好政府向社会力量购买公共文化服务工作的意见》，北京市开始将购买公共文化服务延伸到公共图书馆领域，培育了悠贝亲子图书馆、皮卡书屋等一批承接政府购买公共文化服务的专业化社会机构。这些社会机构通过与公共图书馆合作，建设社区书屋并负责管理运营。单向空间、金彩艺术图书馆等也采取了政府购买服务的方式。2015 年，中共中央办公厅、国务院办公厅出台的《关于加快构建现代公共文化服务体系的意见》中指出："创新公共文化设施管理模式，有条件的地方可探索开展公共文化设施社会化运营试点。"西城区成功申报"公共文化服务设施社会化运营——特色阅读空间运营模式"，并以此方式建立了砖读空间、甲骨文悦读空间、白云驿站等阅读空间。北京市海淀区作为国家公共文化服务体系示范区，在整个北部文化中心全部试行社会化运营管理试点，通过招标方式委托给专业图书馆运营企业——艾迪讯电子科技（无锡）有限公司运营，全面负责图书馆人员、服务、活动策划等管理服务。2018 年，国家文化和旅游部、财政部联合发布《关于在文化领域推广政府和社会资本合作模式的指导意见》，PPP 模式开始在文化领域推开。朝阳区作为试点单位，在图书馆+酒店、图书馆+车站、图书馆+银行、图书馆+商场等公共阅读空间建设中，通过特许经营、股权合作、服务外包等方式，与社会资本建立平等协商、利益共享、风险分担的合作关系，取得了初步效果。

第三，在服务功能上，以提供免费图书借阅、阅读空间及文化服务为主，附带进行文创产品、新书、简餐等销售服务。

"传统图书馆是以书为中心，而新型的阅读空间以读者为中心，围绕读者各方面需求展开立体服务，包括提供阅读服务和指导等①。"有的公共阅读空间还成为业主议事、家政联络、证件办理、健康诊断、快件收取、老人餐桌、儿童托管的场所。这些辅助功能能够拉动文化产业及相关行业发展，刺激民营企业与社会组织的结合发展，完善社会教育体系、增进社区的活力等，公

---

① 倪伟．引入社会机构"阅读空间"遍地开花［N］．新京报，2018-04-25（8）．

共阅读空间积极的经济、社会效益将逐步释放出来①。以位于北京东南五环外的读易洞书店为例，"在社区里，它是邻居的朋友来访时显摆的景点，自由职业者有个像单位的去处，男人美其名曰上进的家务避难所，大人餐馆吃饭时闹腾小孩的安置地，家门口不掉面子的社交场，聊天上网喝茶需要消费的居委会"。② 读易洞书店的做法已超出了一个文化场所的意义，并延伸到了公共对话和社区治理领域，在社区充当"公共领域议事厅"角色，尝试通过"公共对话"整合社会多样性意见和差异化利益，形成改革和进步的信息共同体，其变革性思维对于训练公共讨论、培育人文精神和砥砺公民精神都具有重要的现实意义③。

综上所述，民间阅读组织与政府合作积极参与政府采购、PPP 项目以及基层文化设施社会化运营试点，也是书香北京建设的一种方法。这其中包括城市阅读空间的创办和管理、大型阅读活动的举办等。如在政府支持下，民间阅读组织参与创办公共阅读空间，其中有公办民营的全民阅读"典范"——北京砖读空间；有民办公助的全民阅读"样板"——宣阳驿站"第二书房""繁星书吧"；有政府与民间社会资本合作的 PPP 模式的"示范者"——悠贝亲子图书馆等④。与上海市"我嘉书房"、温州市"城市书房"、江阴市"三昧书咖"等公共图书馆文化创新案例试图走标准化、统一性阅读空间建设模式不同，北京市充分发挥社会机构与社区居民智慧，走的是差异性、多样化路线。这些散落在北京市各个角落的公共阅读空间，没有固定模式，结合区位特点、人群需求、藏书特点等情况，精准定位，服务至上，更容易吸引市民参与，能够实现与社区居民融为一体。

---

① 王子舟. 我国公共阅读空间的兴起与发展 [J]. 图书情报知识, 2017 (2): 4-12.

② 邱小石. 业余书店 [M]. 北京: 中央编译出版社, 2011.

③ 司新丽. 公共文化传播空间的构建: 以民营实体书店转型发展为例 [J]. 国际新闻界, 2018 (5): 145-159.

④ 刘婷. 北京阅读季领航全民阅读 [N]. 北京晨报, 2015-11-12 (15).

三、民间阅读组织与公共阅读空间的合作互动

北京各类民间阅读组织定期走进公共阅读空间，开展讲座、分享会、朗读、讲坛等活动上万余场，广受读者欢迎。在公共阅读空间中阅读活动或是由单一民间阅读组织主办，或是由多家民间阅读组织合作共办。书友们以作品分析、角色分配、互动问答等多样化的阅读方式引领民间阅读活动向高质量品读、多角度精读方向发展，从而提高了阅读质量。遍布北京市各个角落的 300 余家公共阅读空间，也是遍及整个城市各个角落的小型阅读书房。公共阅读空间数量众多，足以满足民间阅读组织开展各类读书分享会，扩大了民间阅读组织的品牌影响力。民间阅读组织在公共阅读空间举办的读书会活动，在活动预告中开设报名渠道，均面向市民开放，也邀请非会员的市民参与。因此，这样的"家门口的读书会"吸引了公共阅读空间的周边居民，一些读者选择提前报名，也有不少市民读者现场参与各民间阅读组织的活动后报名加入了读书会。久而久之，民间阅读组织队伍不断壮大，被越来越多的人认识、自愿加入民间阅读组织。

可见，民间阅读组织活动进驻公共阅读空间，是将民间阅读组织服务下沉至基层，扩大了阅读分享的影响力，提升了民间阅读组织的品牌知名度。民间阅读组织为公共阅读空间打造了特色阅读活动。风格迥异的阅读空间孕育了特色阅读活动，进一步强化了民间阅读组织的特色，激发了民间阅读组织的潜力，传承了优秀历史文化，呈现出百花齐放、百家争鸣的大好局面。

同样，民间阅读组织入驻公共阅读空间后，丰富多彩的阅读活动激活了城市公共阅读空间，补充了其动态活力，丰富了公共阅读空间内涵，真正打造了市民的"精神粮仓"。公共阅读空间本身是静态的借阅空间、休闲空间，但其设立的初衷不仅是为市民提供书籍，更重要的是吸引爱阅读的人群进行交流、分享，为读者提供知识共享、信息交流、互动阅读的人文空间。各民

间阅读组织相继在公共阅读空间开展沙龙、朗读、讲坛等活动，人们在这里交流分享各自的心声，构建了文化阵地，实现了空间共享，为城市公共阅读空间注入了生机，让城市书房成为集静态学习与动态交流于一体的"市民大书房"，提升了公共阅读空间的服务效益。公共阅读空间遍及城市的大街小巷，民间阅读组织活动也随之在各个角落开花，激发了市民的阅读兴趣，营造出浓厚的阅读氛围，让公共阅读空间成为人与人互相认识、了解的场所，提高了公共阅读空间的社会化价值，深化了公共阅读空间的内涵，丰富了公共阅读空间的社群交往功能。

四、北京公共阅读空间存在的问题及发展对策

（一）存在的主要问题

从北京公共阅读空间的实践看，其初期面临的性质定位、功能拓展、服务内容等问题在发展中已逐步解决，而随着政府采购、政府与社会资本合作（PPP 模式）和基层公共文化服务设施社会化运营的深入，暴露出公共阅读空间在社会力量参与、项目论证评估、管理运营制度、监督考核措施等方面的不足。

1. 社会机构在公共阅读空间建设中的作用发挥不充分

作为"第三部门"文化类社会机构在文化治理体系中发挥着资源整合、活动实施以及管理运营等独特作用，是各级政府运用社会化机制提供公共文化服务的重要途径。从北京市的实践看，政府无论是在宏观规划、政策指导还是资金投入、示范引领等方面，阅读推广的主导作用已得到明显的体现，但选择什么样的建设类型、运营方式，经营哪些服务内容，关键要看是否符合所在社区人群特点、文化需求层次以及文化空间布局。本研究在调研中发现，文化类社会机构总体偏少且参与公共阅读空间门槛高，政府除了出台对民营实体书店的资金补贴政策外，对其他社会机构的优惠政策几乎没有，社

会力量的作用远远没有发挥出来。公共阅读空间没有被正式列入政府采购和文化 PPP 目录，哪些社会机构可以参与公共阅读空间建设以及参与程序、途径和方式有哪些都缺乏明确规范，而这些都制约了社会机构参与公共阅读空间建设。

2. 缺乏科学有效的公共阅读空间建设的评估方法

政府采购模式和公共文化服务设施社会化运营模式易于操作、见效快，实践中以这两种方式居多，而政府与社会资本合作（PPP 模式）能发挥市场配置资源作用，有效调动社会力量。从长远看，PPP 模式将是今后社会化发展的主要方向。物有所值（Value for Money，VfM）评价是国际上通行的判断是否采用 PPP 模式代替政府直接投资、采购等传统运营方式的一种评价方法。公共阅读空间的功能多样并具有较强的外溢效益和外部性特征，其所具有的无形价值和社会效益难以采用传统意义上的成本法、收入法、消费支付法、投入产出法等做出科学评判，这就给项目评估带来了风险。调研发现，北京市公共阅读空间面临投入随意性较大、补贴标准不一、责任分担不明确等问题。可见，如何开展公共阅读空间的可行性论证和物有所值评估成为化解政府与社会机构风险的重要内容。

3. 规范公共阅读空间运营的制度体系尚未建立

调研发现，不管是政府购买服务还是文化 PPP 模式或文化服务设施社会化运营的方式，对公共阅读空间的建设管理都比较宏观，缺乏长期稳定的制度规范，关键环节流程尚未建立。查询有关法律法规发现，目前国家层面的政府和社会资本合作法、基础设施和公用事业的特许经营法等还在调研中，已制定的《招标投标法》等法律法规，与已出台的部门规章和相关文件之间并不协调。在已出台的相关政策中，政府购买服务、文化 PPP 模式相关规则主要是针对基础设施领域提出的，针对文化类政府购买服务和 PPP 项目的可操作性规则不多。基层文化服务设施社会化运营试点面在扩大，但在项目规

划论证、评审小组成员构成、特许授权形式等方面，均缺乏制度上的科学设计。综上所述，如何制定一套可操作性强的公共文化服务政府购买和 PPP 项目规则体系已成为公共阅读空间发展的关键。

4. 公共阅读空间监管考核环节存在不少漏洞

调研发现，在北京市公共阅读空间建设与运营中，70%采取的是政府采购和实体书店补贴模式。一些文化类社会机构认为，这两种运营模式都存在标准不够科学、社会机构串谋、搭便车和政府寻租等现象，造成了文化福利和效率的损失。北京市公共阅读空间建设运营虽然设立了第三方考核机制，但这种机制总体来说是以财政补贴数额为目的的评估，对建设与运营全过程监督缺乏公开透明的程序规定，如何保证政府资金既能付费到位，又能防止流失，以及保证公共阅读空间持续健康发展，是目前各类公共阅读空间建设运营监管的薄弱环节。

（二）北京新型公共阅读空间的发展对策

1. 提高社会机构参与公共阅读空间建设的积极性

北京市的实践证明，推动公共阅读空间建设是调动社会力量参与公共图书馆建设非常好的方式，也积累了不少经验。与交通运输、地铁建设等大型基础设施项目相比，公共阅读空间的建设投入资金少，形式灵活多样，项目实施效益明显。今后应以培育和规范文化类社会机构为重点，通过加大宣传力度、降低准入门槛、优惠税收政策、创新阅读产品科技附加值等措施，提高政府文化治理能力，提振社会资本进入公共阅读空间建设运营的信心和积极性。地方政府应尽快将公共阅读空间项目列入年度政府采购和文化 PPP 目录，向社会及时公布项目范围、类别、数量、资金，明确项目资质条件、招投标程序，扩大基层文化服务设施社会化运营试点范围，稳定社会机构的回报预期，避免参与的盲目性和随意性。

2. 建立政府与社会共建、共治、共享的论证评估机制

公共阅读空间的建设涉及公共图书馆资源配置和公众文化权益保障，今后凡拟建公共阅读空间，都要开展物有所值评估论证。评估既要从居民阅读需要、技术和经济可行性、投融资方案以及是否有利于提升居民文化素养等方面论证，也要从政府投资必要性、投资方式选择、项目全生命周期成本、运营效率、风险管理，以及是否有利于吸引社会资本等方面进行可行性论证。只有通过物有所值评估的项目，才能进行财政承受能力论证，凡未通过评估的项目不能采用 PPP 模式。在选择合作机构时，除考虑社会机构的信誉、责任、性质、类型外，还要考虑公共阅读空间服务半径，合理布局空间网点，以便居民就近阅读。政府可考虑引入股权投资约束激励工具，采用风险对赌协议（VAM）、将资本对价与社会机构经营状况绑定、达成实物期权等应对动态经营绩效的利益分配机制，有效推进公共阅读空间决策、建设、运作过程中的资源集聚、无形资产确权确价①。

3. 制定相互衔接的建设运营与管理体系

在任何情况下，市场化、民营化的基础设施和公共服务特许权都须建立有效的政府规制，相应的"规制体系必须是有限度的、透明的、公平的和连续的"。② 国家层面应加快政府和社会资本合作法、基础设施和公用事业特许经营法等立法进程，完善政府采购、招标投标、土地管理等法律法规实施细则，使之相互衔接。制定文化 PPP、基层文化服务设施社会化运营的具体实施办法，明确公共文化服务领域政府购买、政府与社会资本合作的方向和基本原则，对社会力量参与公共文化服务的性质定位、法律责任、运营管理、人员设备、扶持政策、奖励措施及评估标准等做出明确规定。应对公共阅读空间建设的可行性论证和审查、决策程序、社会力量遴选、违规失信行为惩戒等采取可操作性措施，对运营采购、评审小组组建、招标采购职责等关键

---

① 李佩森. 如何健全文化类 PPP 评估体系［N］. 中国文化报，2016-08-06（4）.
② 萨瓦斯. 民营化与 PPP 模式：推动政府和社会资本合作［M］. 周志忍，等译. 北京：中国人民大学出版社，2015.

性环节做出相应制度安排，引导公共阅读空间形成合理规范的运营模式，保证公共资源的利用效率。

4. 加强对公共阅读空间的监督

完善的监督评价体系是化解公共阅读空间建设与运营风险的有效保障，要重点加强对公共阅读空间建设与运营全生命周期监管。充分发挥政府监管职责，严把建设质量关，优选出与地区公共阅读相适应的社会机构。实施中，政府及公共图书馆要依法依规履行承诺，不得擅自变更采购协议、合作合同约定的政府义务和责任，避免自身行为给社会机构带来风险。政府应完善激励约束机制，实行严格问责机制，规避社会资本投机行为，防止因社会机构过度投资、举债及公司股权和管理结构发生重大变化等原因导致建设运营无法实施。政府应建立代理人机制，发挥监察、审计等专门监督机构的作用，严控徇私舞弊等损害国家利益和公共利益的现象，将运营风险降到最低。

第十二章　新型公共阅读空间的 PPP 模式

建设好新型公共阅读空间，民间阅读组织才有更广阔的发展机会，新型公共阅读空间是民间阅读组织发展的"根据地"。政府采购和文化服务设施社会化运营这两种模式，对于建设新型公共阅读空间而言，虽易于操作，短期内效果明显，但是从有效调动社会力量的长远角度看，政府与社会资本合作的模式（PPP 模式）更能发挥市场配置的作用，是新型公共阅读空间建设的有效手段。

2015 年是新时代公共文化服务体系建设的元年。2015 年 1 月，中共中央办公厅、国务院办公厅下发《关于加构建现代公共文化服务体系的意见》①。2015 年 5 月，国务院办公厅转发财政部等《关于在公共服务领域推广政府和社会资本合作模式指导意见的通知》②，首次提出在公共文化服务领域"改革创新公共服务供给机制，大力推广政府和社会资本合作 PPP（Public-Private

①　中共中央办公厅、国务院办公厅印发《关于加快构建现代公共文化服务体系的意见》［EB/OL］［2020-04-20］. http：//www. gov. cn/xinwen/2015-01/14/content_ 2804250. htm.

②　国务院办公厅转发财政部发展改革委人民银行关于在公共服务领域推广政府和社会资本合作模式指导意见的通知［EB/OL］.［2020-04-20］. http：//www. gov. cn/zhengce/content/2015-05/22/content_ 9797. htm.

Partnership）模式。"由此 PPP 模式开始向公共文化领域延伸。2018 年 11 月，国家文化和旅游部、财政部联合发布《关于在文化领域推广政府和社会资本合作模式的指导意见》[①]，"文化 PPP"首次出现在国家政策文件中。在构建现代公共文化服务体系的时代背景下，江苏省江阴市、北京市西城区、上海市嘉定区等充分发挥公共图书馆主导作用，与各类社会机构合作，打造了一批集阅读、休闲、交流等一体的阅读场所，它们或称书咖、书苑，或称书坊、书屋、特色阅读空间，有的甚至直呼"图书馆"。虽然这些阅读空间名称各异、规模不等，但都属于同一类"新型公共阅读空间"。作为一项重要的理论创新和实践创新，新型公共阅读空间 PPP 模式极大丰富了公共文化服务的内涵与外延，改变着人们对公共图书馆原有的认知维度，实现了公共文化服务从政府供给向合作供给、从单一投入向多元投入的转变。

第一节　PPP 模式研究文献综述

一、国外 PPP 模式的相关研究

通过对 Web of Science 数据库以 Public-Private Partnership、Private finance initiative 为关键词进行检索发现：PPP 模式源于西方 20 世纪 90 年代新公共管理运动中提倡引入私人部门参与公共服务有效供给的市场化改革运动，其目的是发挥多种所有制的相对优势，通过引入社会资本，弥补政府财政投入不足，促进公共服务有效供给。PPP 模式在发展中形成了"伙伴关系、利益共享、风险共担"的显著特征，目前已在基础设施、公共服务等多个领域推广应用。2000 年联合国"千年发展目标"框架认为，PPP 模式是保障经济社会

---

① 文化和旅游部、财政部关于在文化领域推广政府和社会资本合作模式的指导意见［EB/OL］［2020-04-20］. http：//zwgk. mct. gov. cn/? classInfoId=21.

公平发展的最佳模式。作为一种新型的公共产品和服务的供给模式，PPP 也成为国际货币基金组织、世界银行等国际组织促进经济发展的重要工具。

在西方包括文化领域 PPP 在内的基础理论和应用研究中，一部分文献分析了影响政府推行 PPP 的一些关键因素，如：在解决基础设施供给不足时，遵守严格的国家预算约束[①]；节约资源，避免供给没有 PPP 经验的公共项目[②]；分摊风险，使私人部门在运营公共项目时更加谨慎[③]等。一部分文献则阐述了 PPP 模式中私人部门运营管理的作用，如：考虑到盈利目标，私人部门表现出严格的控制和管理能力，资源得到有效利用，项目效率明显提高[④]。借助数据分析和知识产权，私人部门的知识和融资能力得到提升[⑤]。充分运用私人企业的能力、经验和技术，增加公共服务供给总量[⑥]。通过公私联合建设和运营，降低成本，缩短周期，保障项目赢利的责任意识增强[⑦]等。PPP 模式在实践中虽取得了明显成效，但部分文献对其存在的缺陷也进行了探讨。如：PPP 模式潜在的高资本成本和高交易成本，它们主要对公共部门产生影响，影响的程度与合作伙伴关系的复杂性和合作时间基本成正比[⑧]。PPP 合同缺乏

① HART O. Incomplete contracts and public ownership: remarks, and an application to public private partner-ships [J]. The Economic Journal, 2003: 70.

② IOSSA E., MARTIMORT D. The simple micro-economics of public private partnerships [J]. Journal of Public E-conomic Theory, 2015 (1): 40.

③ MARTIMORT D., POUYET J. To build or not to build: normative and positive theories of public private partner-ships [J]. International Journal of Industrial Organization, 2008 (26): 395.

④ MASKIN E., TIROLE J. Public private partnerships and government spending limits [J]. international Journal of industrial organization, 2008 (2): 418.

⑤ ROSENAU P. Public private policy partnerships [M]. London: MIT Press, 2000: 128.

⑥ BESLEY T., GHATAK M. Government versus private ownership of public goods [J]. Quarterly Journal of Eco-nomics, 2001 (4): 1350.

⑦ FRANCESCONI M., MUTHOO A. Control rights in complex partnerships [J]. Journal of the European Economic Association, 2011 (3): 581.

⑧ BENNETT J., IOSSA E. Delegation of contracting in the private provision of public services [J]. Review of Indus-trial Organization, 2006 (1): 90.

灵活性，主要是由竞争性谈判造成的，对政府具有一定的负面影响①。公共服务供给责任由公共部门转向私人部门，政府很难从私人部门获取信息，透明度较差，政府部门有丧失控制权的可能②等。西方 PPP 模式的实践和研究仍处在不断发展和完善过程中。

二、国内文献对 PPP 的研究

本研究利用 CiteSpace 软件以 PPP 为主题词对中国知网国内文献检索统计显示，截至 2018 年底的 1051 篇文献中，2000—2006 年，PPP 发文数量每年在 10 篇以下；2007—2014 年，随着 PPP 在城市建设等重大基础设施领域的推广，带动了理论研究的开展，PPP 相关主题发文数量每年都在 20 篇以上；从 2015 年至 2020 年，随着国家一揽子 PPP 政策的出台，PPP 研究成为研究热点，相关发文数量每年都在 100 篇以上，2018 年达到 291 篇。（见图 12-1）。

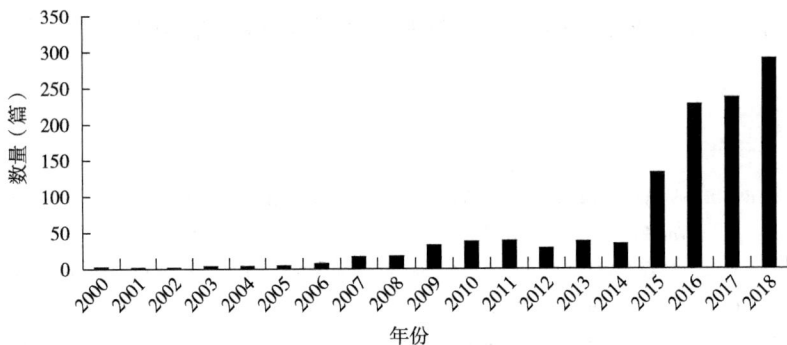

图 12-1　PPP 研究历年发文数量分布

在 CiteSpace 中，将节点选为 keyword，得出关键词共现知识图谱：PPP

---

① HOPPE E., SCHMITZ P. Public versus private ownership: quantity contracts and the allocation of Investment tasks [J]. Journal of Public Economics, 2010 (4): 265.

② TORRES, LOURDES, PINA, et al. Public private partnership and private finance initiatives in the EU and span-ish local governments [J]. European Accounting Review, 2001 (3): 608.

模式仍是最主要的关键词其出现的频次最多，而相关的公私合作、基础设施、社会资本、风险分担、特许经营、公共服务等也成为研究热点。将突变术语选为 Term Type，得到突变词网络图谱数据与关键词图谱数据基本一致。另外，图谱中的突显点显示：政府信用、政府补偿、公共治理、税收政策、公共服务等已成为 PPP 研究的新兴前沿方向。（见表 12-1）

表 12-1　知识图谱呈现的高频率、高中心性关键词

序号	关键词	频次	中心性	序号	关键词	频次	中心性
1	PPP 模式	192	0.62	6	特许经营	24	0.11
2	公私合作	45	0.25	7	伙伴关系	20	0.10
3	基础设施	40	0.19	8	风险分担	19	0.09
4	PPP 项目	35	0.15	9	公共服务	17	0.08
5	社会资本	24	0.12	10	新型城镇化	13	0.06

本研究运用上述方法以"文化 PPP"为主题词对中国知网国内文献检索发现，在现阶段仅有的 38 篇文化 PPP 研究文献中，公共图书馆、公共阅读空间、城市书房、图书馆+、政府主导等课题已引起一些学者的关注，相关研究刚刚开始。（见表 12-2）

表 12-2　知识图谱呈现的高频率、高中心性关键词

序号	关键词	频次	中心性	序号	关键词	频次	中心性
1	公共图书馆	80	0.59	6	运营管理	30	0.27
2	图书馆+	60	0.47	7	基础设施	20	0.21
3	公共阅读空间	55	0.42	8	城市书房	18	0.16
4	政府责任	40	0.37	9	地铁图书馆	8	0.09
5	社会资本	37	0.34	10	政社合作	6	0.07

从研究内容而言，学者们主要是对文化 PPP 的特点类型、功能作用、评估方法、适用范围等进行了初步探讨。如：徐升国通过对台湾高雄市立图书馆公私合作模式的分析，提出了"如何调动社会力量参与全民阅读"的思考，

并认为在推动全民阅读的过程中 PPP 模式是非常好的一个方式①。张晓敏等阐释了在公共文化设施中引入 PPP 模式的可行性，针对大型公共文化设施和基层公共文化设施提出了四种 PPP 模式类型架构②。杨松提出，公共文化服务领域应用 PPP 模式主要适用于基础设施、公共文化产品的生产与制作等领域，必须充分考虑公共文化产品的属性和特点，必须正确处理好公益性与经营性、均等化与个性化、普遍服务与提高效率三对关系③。李佩森认为，传统的"成本法+未来收益"价值评估方法不适合文化产业 PPP 项目，应健全项目的价值评估体系建设，加强效益评估④。潘琛等认为，文化产业 PPP 的评价体系不完善，公益性与社会资本逐利性之间的平衡关系尚不明晰⑤。

关于公共文化服务领域 PPP 项目的研究，王子舟认为，书店、绘本馆、图书馆等不同行业逐渐兴起的公共阅读空间正在形成合流，演化为公共文化服务体系中的一种基本形式⑥。王巨川认为，"城市书房"以 PPP 模式为主要建设思路，既发挥了政府公共文化服务功能，又为企业带来经济效益，达到可持续发展的目标⑦。王培培等指出，PPP 模式应用于公共图书馆建设的具体模式可划分为合作建设模式、统一完善合作模式、特定项目合作、服务外包四种模式，不同的公共图书馆服务体系建设可以选用不同模式，或是模式相互结合运用⑧。也有学者从公共图书馆 PPP 项目的回报机制⑨、社区图书馆

---

① 徐升国.PPP 与全民阅读公共服务的社会化 [N].中国出版传媒商报，2015-11-06 (11).

② 张晓敏，陈通.公共文化设施 PPP 建设运营模式研究 [J].管理现代化，2015 (1)：118-120.

③ 杨松.处理好 PPP 模式推广中的三对关系　创新公共文化服务供给方式 [N].人民日报，2017-08-20 (7).

④ 李佩森.如何健全文化类 PPP 评估体系 [N].中国文化报，2016-08-06 (4).

⑤ 潘琛，刘穷志.文化产业 PPP 模式研究 [J].行政事业资产与财务，2017 (19)：1-3.

⑥ 王子舟.我国公共阅读空间的兴起与发展 [J].图书情报知识，2017 (2)：4-12.

⑦ 王巨川."城市书房"发展现状与运营模式分析 [J].新阅读，2018 (7)：42-44.

⑧ 王培培，吴瑞丽.PPP 模式应用于公共图书馆服务体系建设研究 [J].图书情报知识，2016 (4)：12-17.

⑨ 邓银花.公共图书馆 PPP 项目的回报机制研究 [J].图书馆建设，2019 (3)：85-92.

PPP 服务供给创新①等方面进行了阐述。

综上所述，文化 PPP 模式是一种政府与社会资本合作的新型融资模式，是政府（包括公共服务机构）通过特许经营、股权合作等方式，与社会资本建立利益共享、风险分担的长期合作关系，可增强公共文化产品和服务供给能力，提高文化供给效率。公共图书馆作为现代公共文化服务体系的重要组成部分，承担着保障全民查阅文献需求的重任，在目前基层政府财政投入有限的情况下，通过 PPP 模式利用社会资金，以平等身份与合作企业建立风险共担、利益共享的机制，可以提高基层公共图书馆的覆盖率和可及性，满足广大居民日益增长的阅读需求。文化 PPP 模式在公共图书馆领域已经得到初步应用，积累了一定经验，然而，从目前情况来看，公共图书馆领域 PPP 模式仍处在探索阶段，在继续推进的同时需要从理论和实践上加以总结，为未来公共图书馆 PPP 模式的应用和发展指明方向。因此，本研究试图使用文献、网络和实地等调研方法，在梳理国内外 PPP 模式特别是文化 PPP 理论和实践的基础上，以江阴市三味书咖阅读联盟、北京市西城区特色阅读空间为样本，分析该模式的建设运营、创新亮点和不足，从而有针对性地提出未来新型公共阅读空间 PPP 模式发展的对策建议，为公共图书馆深化全民阅读推广提供多元化的供给主体和供给方式。

第二节　新型公共阅读空间 PPP 模式的运作特点

在文化领域供给侧结构性改革和一系列公共文化服务社会化政策的推动下，一些公共图书馆主动适应形势需要，积极借鉴和运用国内外的 PPP 模式探索公共文化服务建设，创造了许多成功的文化 PPP 案例。在这些探索中，

---

① 许嘉敏. "社区图书馆+PPP"：广州市图书馆服务供给创新研究 [J]. 图书馆界，2018 (6)：84-87，92.

江阴市图书馆的 PPP 模式起步最早，构建的模式与运行的实践相对成熟。2018 年，北京市西城区成功申报了"公共文化服务设施社会化运营——特色阅读空间运营模式"，该项目被纳入第四批国家公共文化服务体系示范项目。本研究以上述两个 PPP 项目的共性为例，总结和提炼公共图书馆领域政府与社会资本合作的基本模式，引导社会力量参与公共文化服务的建设。

一、新型公共阅读空间 PPP 模式的合作关系

作为一种长期合作关系，三味书咖的阅读联盟 PPP 模式和北京市西城区特色阅读空间 PPP 模式对政府、图书馆、企业、读者四个主体都规定了不同责任。其中，政府主要承担的责任为：对公共阅读空间发展进行中长期规划，从推进阅读社会化发展、构建基础设施网络、创新管理模式等方面对社会力量参与公共阅读空间建设提出指导意见，从而促进阅读服务品质的提升；指导图书馆选择合适社会机构，监督项目的运行与发展，并为其提供资金支持与政策指导。公共图书馆主要承担的责任为：拟定合作实施方案，制定制度与标准，并向合作机构提供图书资源和业务指导，具体监督合作机构的公共阅读服务。咖啡馆、银行等企业或社会机构主要承担的责任为：提供服务实施方案和供阅读服务的场地、设施及服务人员，努力提升运营服务质量。阅读空间 PPP 项目的一大亮点是构建了以居民为中心的运营机制，将居民纳入合作方，接受图书馆及社会机构的调查咨询，并对公共阅读空间的服务质量与运行状况提出建议。政府聘请的评估机构作为委托第三方主要负责年度公共阅读空间的效益评估，向政府提供考评结果，由政府根据评估结果确定是否给予扶持补助。

二、新型公共阅读空间 PPP 模式的建设与管理

在三味书咖阅读联盟 PPP 模式建设与管理中，江阴市图书馆结合自身特

点，针对企业准入、项目建设、服务、评估、工作协调五个方面制定了标准[①]。北京市西城区则制定了《特色阅读空间管理办法》《特色阅读空间运营管理委员会章程》《阅读空间公益理事会章程》等政策文件，以规范化管理调动社会资源参与区域公共文化服务体系的建设。加入阅读联盟和特色阅读空间 PPP 项目的机构要有相应的资质，其业务范围需满足一定的标准，确保与图书馆公共文化服务有机融合；规定的建设标准主要包括阅读空间面积、功能布局、基础设备、人员配置、图书流转等方面；凡加入的机构都要执行统一的服务标准。各公共阅读空间设置统一标识，执行统一制度，实现一卡通借通还，共享数字图书资源等；从业务建设、读者活动与延伸服务、宣传推广等方面，突出对基础服务和读者活动的考评；建立日常交流机制及统一的工作流程与协作机制，以标准化服务确保服务质量的提升。从实际运行看，这些标准和制度得到了较为严格的执行，保证了 PPP 项目的规范运行。

三、新型公共阅读空间 PPP 模式的运行机制

三味书咖阅读联盟运行的主要流程为：先由政府指导江阴市图书馆考察选择社会机构，然后由江阴市图书馆和社会机构签订合作协议，形成合作关系。接着由第三方评估机构对三味书咖阅读联盟阅读空间进行评估，将评估结果移交政府，最后由政府决定提供补偿或终止协议[②]（见图 12-2）。

北京市西城区特色阅读空间也采取了类似运行机制，以社会组织自身投资、建设和运营为主，政府通过政策支持和提供一定的经费补贴来进行合作。如：繁星 play 书吧、精典博维、金彩阅读空间、荣宝斋咖啡书屋、华宝斋书院等都属于这个模式。以繁星 play 书吧为例，由自己投资建设，西城区为其

---

① 宫昌俊，曹磊．江苏江阴市：推动城市阅读联盟的实践探索［J］．国家图书馆学刊，2015（4）：16-20.

② 张守卫，杨顿．江阴市图书馆全民阅读 PPP 模式探析［J］．图书馆学研究，2016（19）：77-81.

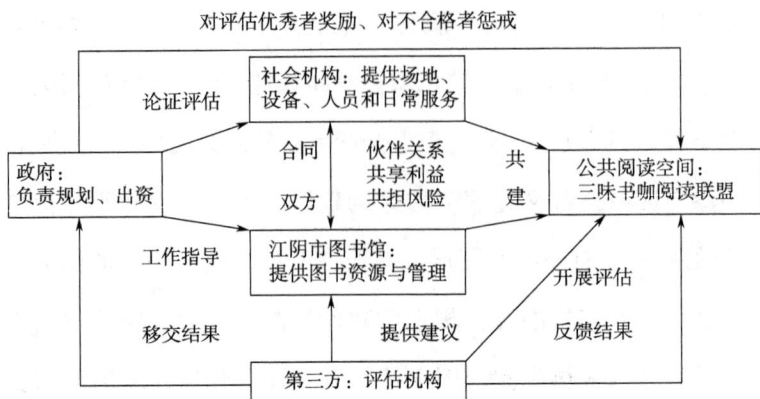

图 12-2　"三味书咖"阅读联盟 PPP 模式的运行流程

配备了中国传统文化等方面的专题文献以及《茶馆》《哈姆雷特》等戏剧方面的剧本和研究著作，还配置了"云借阅"电子书刊借阅机。

第三节　新型公共阅读空间 PPP 模式的创新之处

截至 2019 年底，江阴市三味书咖阅读联盟 PPP 项目吸引了几十家社会机构加盟，在全国首创"公共图书馆+咖啡馆'等社会服务模式①。北京市西城区与多种社会力量合作，共同建立了图书馆+银行、图书馆+剧场、图书馆+酒店等系列特色阅读空间十余家。通过与社会机构合作建设 PPP 项目，公共图书资源及图书馆服务半径不断缩小、服务对象不断增多、服务内容不断丰富，各公共阅读空间图书流通数据不断攀升，外借量不断增长。三味书咖阅读联盟仅在 2019 年一年的图书总借阅量就超过 200 万册次。北京市西城区特色阅读空间举办讲座、沙龙、读者培训等活动每年吸引几十万人次参加，有效"嵌入"进了公众的日常工作和生活，大大提升了全民阅读水平。公共阅读空间这一模式是构建公共图书馆文化服务体系的新探索，具有多方面的理论与

---

① 李晓."江阴模式"得到调研组高度肯定 [N]. 新华书目报，2016-05-13（6）.

实践价值。

第一，这一新模式是对公共文化服务领域政府治理体系和治理能力现代化的有益探索。公私合作伙伴关系（PPP）是我国政府在公共事务治理过程中积累并创新的两项治理工具之一（另一项是权力清单制度建设），PPP 除具备一般意义上的融资、管理功能，还具有多组织管理创新、治理机制创新等功能。三味书咖阅读联盟和北京市西城区特色阅读空间都由地方政府、公共图书馆、社会机构、基层居民共同建设，充分利用社会化、市场化机制配置公共图书馆服务资源，更好发挥政府公共服务职能作用，探索出了一条公共文化服务的新的供给机制，是对公共图书馆领域供给侧结构性改革的深化。新型公共阅读空间由社会机构提供场地、设备、人力及服务，打破了政府对公共文化设施独家建设、垄断经营和封闭管理的模式，弥补了公共图书馆建设经费、人力、技术等方面的不足，为文化消费增长提供了新动力。

第二，这一新实践极大地提高了公共文化服务的覆盖面、均等化和可及性。三味书咖阅读联盟、北京市西城区特色阅读空间等都以社会化合作模式开展创新运营，兼具公共阅读空间、交流休闲空间、文化创意空间等多元功能，并与全市公共图书馆实现了图书通借通还。新型公共阅读空间在标识系统、资源配置、管理平台、服务标准、人员管理等方面实现与全市公共图书馆的统一，是对城市公共图书馆总分馆制的有益补充；推动了公共图书馆资源向基层社区、繁华密集区延伸，丰富了公共图书馆的服务网络；提高了公共图书馆的服务广度和效率；体现了以读者为中心的公益性、均等性、便利性的公共图书馆文化服务宗旨；是对"优质均衡"的现代公共文化服务体系的最新实践。

第三，这一新举措方便和满足了公众对阅读和文化生活的基本需求。三味书咖阅读联盟、西城区特色阅读空间 PPP 项目的最终目的是为了满足公众日益增长的文化需求。江阴市和北京市西城区选择的合作机构，不论是酒店、

咖啡厅、银行还是社区等，它们本身就是为公众服务的社会机构，所处的地理位置都在人流聚集区，不管是老人、儿童还是各种职业上班族，都能就近选择阅读空间，摆脱了要到公共图书馆使用资源以及服务的束缚。同时，这一新型公共阅读空间将公共图书馆物理服务空间、读者阅读学习空间、公众社会公共空间、网民网络数字空间等融为一体，促进了阅读服务资源链接共享的全域服务，使其具有区别于家庭和工作环境的"第三空间"体验。

第四，这一新形态使参与建设的社会机构能在公益服务中增强竞争优势。培育和促进文化消费作为公共文化服务的新功能、新任务，赋予了 PPP 在改善民生中培育经济增长新动能的使命。对于参与 PPP 模式建设的咖啡馆、茶馆、酒店、银行等合作机构而言，既是支持公益的建设者，也是项目建设的获益者。社会机构加入公共图书馆服务体系，一方面降低了企业的资本投入风险降低，同时也在政府政策的引导下获得长期稳定的投资渠道和收益，还能借助公共阅读空间服务宣传平台，营造良好的品牌形象和广告效益，加深了企业的文化底蕴，吸引更多的消费群体。调查显示，参加公共阅读空间建设的社会机构特别是早期先行试点的咖啡馆、茶楼等企业，在经营业绩方面较同类企业更胜一筹。

第四节　新型公共阅读空间 PPP 模式的改进对策

从江阴市、北京市西城区等地方政府开展公共阅读空间 PPP 模式建设与运营实践看，文化领域政府与社会资本合作还处在探索起步阶段，社会力量参与公共阅读新空间建设机制尚不完善，离规范完善的 PPP 模式还有不少差距。

一、影响新型公共阅读空间 PPP 模式推广的主要因素

第一，公共文化服务的公益性和经营性边界不够清晰。从公共阅读空间

运营情况看，公益性和市场化的边界比较模糊，在实践中难以准确地把握。比如，剧场书吧和以书店为背景的公共阅读空间，他们的免费开放空间和经营空间模糊不清，极易给消费者造成误解；免费服务的内容和具体项目分界也不甚清晰；公益属性属于零门槛还是成本性门槛等问题，在实践中存在很大争议。

第二，社会力量参与公共文化服务的方式和途径不够规范，参加的随意性较大，没有形成稳定的长效机制。目前，社会力量参与基层公共文化服务的积极性高涨，但参与目的各不相同，诉求不一；在引入社会资本后，如何克服资本的逐利性，维护公共文化的公益性、服务性、便民性等，还需要进一步探索。

第三，社会力量参与公共文化服务的法律法规和公共政策不健全。国办转发的《指导意见》建议把政府与社会资本合作模式（PPP）推广到公共文化服务领域，但如何保证这一决策部署的实施实践中缺乏具体政策措施。一些关键性问题，如 PPP 项目的采购、评审小组成员构成、PPP 机构在招标采购中的职责、特许授权形式等，均缺乏制度层面的系统性。政府没有制定专门适用于 PPP 项目的税收政策。在西城区各公共阅读空间实际运营操作中，政府和市场的关系把握难度较大，政府如何选择项目合作伙伴、划分政府与社会资本的责权利关系、加强监管等，缺乏具体措施。

二、新型公共阅读空间 PPP 模式未来发展建议

（一）加强文化 PPP 基础理论和实证研究

鉴于目前中国 PPP 模式概念的宽泛化、应用模式的多样化，可从概念界定的角度入手，结合国际经验和中国已有的研究成果和实践基础，为适合中国国情的文化 PPP 模式给出科学合理的定义，防止 PPP 模式泛滥化、避免"一哄而上"，影响 PPP 模式健康发展。要坚持公共文化服务发展的基本方

向，着力解决好文化 PPP 公益性与经营性、均等化与个性化、普遍服务与提高效率、物有所值与承受能力、监管与被监管等关系问题。

充分认识文化 PPP 项目在公益性、物有所值评估、选择合作伙伴等方面存在的复杂性，按照国办转发的《指导意见》中的"鼓励社会需求稳定、具有可经营性、能够实现按效付费、公共属性较强的文化项目采用 PPP 模式"原则，在项目的规范运营上下功夫，明确文化基础设施领域、公共文化服务领域等文化 PPP 项目推广范围，制定指导目录和标准。

（二）规范文化 PPP 项目的全过程管理

一方面完善文化 PPP 的建设监管。结合项目实际，加强咨询论证，比较委托经营（MC）、建设—运营—移交（BOT）、修缮—运营—转让（ROT）、腾退—运营—转让（VOT）等的优缺点，选择适合项目本身的建设模式。加强全生命周期监管，严把项目入口关，加强项目实施监管，增强社会资本的信心，让项目阳光运营。建立契约制度，强化政府部门的契约精神。实行严格的问责机制，规范政府行为，完善 PPP 激励约束机制，规避社会资本投机行为。认真执行政府付费、可行性缺口补偿付费方式。

另一方面健全文化 PPP 的过程机制。在项目实施中，根据有关法律法规和政策指引，严格执行物有所值评估、财政承受能力论证、项目实施方案制定、特许经营协议文本签署等各项程序。通过采取项目文化价值深度开发、存量资产再利用、开发性资源补偿等方法，提升 PPP 项目的可经营化程度，建立稳定的回报机制。设立公平公正的 PPP 市场准入门槛。加快融资体制改革，积极推动信贷、基金、债券融资以及资产证券化等多途径的融资方式，建立完善有效的 PPP 投资退出机制。

（三）完善文化 PPP 法律法规制度体系

一是理顺相关法规的衔接机制。在国家层面应加快《政府和社会资本合作法》《基础设施和公用事业特许经营法》立法进程，修订《招标投标法》

《土地管理法》等法律法规，使之相互衔接，以解决相关法律、部门规章和规范性文件之间不协调问题。明确文化领域政府与社会资本合作模式的发展方向和基本原则，处理好政府和市场的关系、经济属性和社会属性的关系、社会力量和政府管制的关系、公共部门与私人部门的关系。

二是制定文化 PPP 建设相关运营制度。制定文化 PPP 建设管理具体实施办法，对社会力量参与公共文化服务建设的性质定位、法律责任、运营管理、人员与设备、扶持政策、奖励措施及评估标准等文化 PPP 重要内容做出明确规定，制定细化实用性操作规则和指导目录，引导其形成合理规范的运营模式。加强对于文化 PPP 项目的采购、评审小组组建、PPP 机构招标采购职责等关键性问题的制度安排和顶层设计，制定专门适用于文化 PPP 项目的税收政策。

综上所述，大力推广 PPP 模式有利于公共文化服务供给机制的改革创新，对提高公共文化服务质量和效能具有十分重要的意义。以三味书咖阅读联盟、北京市西城区特色阅读空间等为代表的运用 PPP 建设的新型公共阅读空间，是在新时代公共文化服务创新发展进程中创造的公共图书馆服务新模式，给公共文化服务服务体系带来了深层次的变革。这一新模式体现了建立覆盖城乡、便捷实用的公共文化服务网络的发展理念，顺应了中国公共文化服务在读者不断增加的背景下服务主体在供给侧提升方面的新要求，为中国特色公共文化服务书写了精彩的新篇章，需要从实践和理论层面进行总结与提升，有序推进公共阅读空间 PPP 项目发展，不断满足民众日益增长的文化需求。

第十三章　研究结论与展望

　　城市文明是一个社会文明程度的缩影，而阅读是衡量城市文明的重要指标。北京市在"全国文化中心"和"中国特色社会主义先进文化之都"建设的时代背景下，充分发挥民间阅读组织的作用，推动全民阅读的深化，整个城市的个人阅读指数和公共服务指数都在日益提升。据 2019 年中国新闻出版研究院"第十六次全民阅读调查报告"首次出现的城市阅读指数显示：在采样调查的 50 个城市阅读指数排行榜中，深圳、苏州和北京分列前三名。北京由政府部门和民间阅读组织等社会力量共同举办了独具特色的全民阅读推广活动——"书香中国·北京阅读季"，此活动持续开展了十年在全国范围内起到了引领性示范作用。

　　从事阅读推广的民办非企业单位、社会组织和个人等社会力量的广泛参与，已形成推动北京全民阅读的一种基本态势。遍布城乡各个角落的民间阅读组织使北京成为具有浓郁人文气息的"书香之城"。北京民间阅读组织的作用也得到了政府部门的肯定和支持，从 2017 年"书香中国·北京阅读季"开始，北京提出了"联接社会力量，创变阅读价值"的行动计划，2017 年 12月以"全民阅读的社会力量参与"为主题的"第四届全国读书会发展交流大会"在北京天桥艺术中心举办，来自全国各地的民间阅读组织代表和其他 200 余人参加了大会。2019 年 4 月 1 日，在原来主办全国读书会大会的"读联会"基础上，韬奋基金会阅读组织联合会正式成立，民间阅读组织终于联合起来，有了自己的家。

第一节　主 要 结 论

本书立足于北京民间阅读组织丰富的实践经验，大量运用民族志田野调查、数据统计分析、扎根理论、对比研究等多种研究方法，形成了以下主要研究结论：

第一，民间阅读组织是基于共同的阅读爱好与价值判断而由民间发起、主导、运营所形成的一种交流式、互动式、推广式组织，既包括阅读组织，也包括阅读推广组织，既有实体形态也有网络形态，相比以政府及其职能部门为推广主体的官方阅读组织而言，民间阅读组织结构灵活、形式各异、贴近社区、覆盖面广，更能够发挥阅读个性，深入基层，贴近群众阅读生活，更具活力和生命力。作为社会力量自发创建的民间阅读组织，在古今中外都是一种有效的阅读推动力量，这已得到历史的检验，并成为当前全世界各国开展阅读活动的一个基本方式。

第二，在西方，伴随着启蒙运动发展，受教育民众规模日益扩大，出版物发行量激增，民间阅读组织得以快速发展并开始发挥其作用。作为现代民间阅读组织起源的瑞典学习圈即志同道合的朋友聚在一起讨论问题和学科知识的小圈子，具有草根性、自发性、非功利性、互助性等特征，属于"非正规大众成人教育"范畴，是瑞典成人教育中最常见的一种学习形式。没有瑞典的民主传统，就没有瑞典学习圈的建立；而学习圈的建立又进一步推动了瑞典的社会民主进程，两者相互影响，相互促进。瑞典学习圈已成为各国效

仿的有效阅读方式。

第三，在社会化阅读方面，我国古代就有以文会友的传统，并形成了竹林七贤、建安七子、竟陵八友等文人团体即古代阅读组织的典型，至明代还出现了"读史社""读书社"等以"读书""读史"命名的读书团体，但其成员主要是士人阶层，在清末仍是"四万万人中，其能识字者，殆不满五千万人也。"民国时期被认为是中国阅读史上的革命时期，具有普遍意义的以文字阅读为主的大众阅读作为一种社会群体现象得以兴起，一批读书组织如雨后春笋般创办起来。传播马克思主义理论、发展党的组织成为这一时期北京民间阅读组织的时代使命和特色。

第四，改革开放特别是国家推广全民阅读以来，北京出现了大量民间阅读组织，如悠贝亲子图书馆、皮卡书屋读书会、同道学园等，而且随着互联网技术的快速发展，QQ空间、博客、微博以及微信群的出现，网站上涌现出如天涯、百度、搜狐等一批阅读论坛，线上读书会等社会化网络阅读深入发展。进入自媒体时代，北京各类民间阅读组织是全民阅读活动实践探索中具有典型意义的新案例。50家具有代表性的民间阅读组织在成立时间、活动频次、参加人数、阅读内容等方面，反映出北京现代民间阅读组织的整体性面貌。

第五，民间阅读组织是由民间组织或个人主导创办的阅读组织，按照不同的标准可以分为不同的类型。比如：以形成方式为分类标准，可分为自主性民间阅读组织和依附性民间阅读组织；以空间形态为分类标准，可分为实体性民间阅读组织和网络性民间阅读组织；以阅读内容为分类标准，可分为成人阅读类和儿童亲子教育类，而成人阅读类又分为人文社科类、国学经典类、科技经管类、心理健康和精神共修类等；以活动组织方式为分类标准，可分为以文本为中心的阅读活动和以文本为辅助的阅读活动，其中以文本为中心的民间阅读组织的阅读活动又可进一步细分研读型、精读型、讲读型、享读型、领读型，以文本为辅助的民间阅读组织阅读活动又可分为沙龙型、讲座型、研讨型等；以开放程度为分类标准，可分为开放式、半开放式和封闭式等类型。

第六，不同类型的民间阅读组织呈现出不同的运营模式。商业性民间阅读组织运营主体主要为民办非企业单位，运营方式主要为会员制收费、与政府或其他社会机构合作等方式，运营内容主要有图书及文创产品的售卖、内容知识付费等方式，运营对象为中青年知识群体及儿童，运营渠道主要以城市社区为依托，发展线下分会。公益性民间阅读组织的运营主体主要包括阅读团体、公益基金会和个人，运营方式为培养义工和阅读推广人员，与社会多方开展合作等方式来运营民间阅读组织。运营资金来源主要由政府资助、社会捐赠、个人出资等方式，运营内容主要是阅读分享与推广，运营对象主要面向社会广大人群，运营渠道主要是与高校图书馆、公益基金会、出版社、媒体、书店等合作方开展公益活动，推广阅读；线上邀请嘉宾组织讲座或主题讨论，线下定期组织书友会和阅读推广活动。

第七，在"全国文化中心"和"中国特色社会主义先进文化之都"建设过程中，民间阅读组织在城市、社会等视角体现出多种功能，丰富了城市发展的内涵，推动了全民阅读的开展，搭建了社区交往平台，促进了公共意识培育，拓展了自我教育途径，创新了学术研究方式，提供了个人阅读示范，激发了市民阅读活力，成为城市文化领域的一道亮丽的风景线。

第八，由于北京大量民间阅读组织散建在民间，对其了解和研究目前还不够全面系统，不适合先行设定一种理论进行因果研究，因此采取质性研究的方法，运用扎根理论，形成了民间阅读组织基本特征、运行方式、自身因素、外部因素以及对策建议五个方面的影响因素框架。政策制度因素，社会环境因素，自身场地、经费、人员、管理等因素，指导管理因素，以及读者层面的因素，成为制约北京民间阅读组织发展的主要原因。

第九，北京民间阅读组织具有分布广泛、数量丰富、类型多元、读者众多等特点。结合市情，从立法决策、孵化培育机制建设、运行规范以及读者层面等推进民间阅读组织的发展，是一条基于影响因素框架和调查结果所得出的有效发展路径。特别是要大力发展公共阅读空间，将公共阅读空间建设成为民间阅读组织的根据地，对于解决民间阅读组织场地、人员、资源、经费、管理等方面存在的问题具有十分重要的意义，还可以起到民间阅读组织与公共阅读空间互动生发的效果。

第二节　发展趋势

一、线上线下融合发展

大部分民间阅读组织均拥有其官方微博、微信公众号、网站、App 等，只是各自的活跃度与粉丝量不同。通过这些自媒体平台，民间阅读组织发布活动公告、推送知识、分享地面活动信息，与读者建立黏性强、互动强的深度关系。民间阅读组织通过这种宣传渠道，增加了接触读者的机会，不需要花费更多资金就能起到比传统媒体宣传更好的效果，扩大了民间阅读组织的影响力。同时，民间阅读组织将线下活动成果通过自媒体向更多人推送，实现了对阅读资源的最大化利用，使那些没有机会参加线下活动的读者可以通过线上内容受益。另外，有了线上媒体的宣传和推介，方便读者浏览活动公告、分享线下活动的内容。通过自媒体提前发布活动信息，也有利于会员做好参加民间阅读组织的各项准备，活动方案等也可以通过自媒体进行探讨，更方便服务读者。

民间阅读组织成员通过微信、微博等媒体直接留言、评论，线上互动使读者与组织者之间关系更加亲密、更具互动性，从而更好地维护同一民间阅读组织成员间的共同意识和观念。建立线上讨论群组，不仅能够及时获取活动信息，还能够开展线上共读和阅读主题的讨论活动。总之，民间阅读组织运营的线上平台为读者们提供了更加便利、更加多元的阅读方式，提供了多样化的自我提升途径和社交平台。同时，对于民间阅读组织受众群体数量的增加、影响力的扩大以及运营成本的降低提供了便利。以 2013 年基于移动互联网创办的樊登读书会为例，以视频、音频、图文等多种形式呈现的樊登读书会 APP，提供了形式多样的精华解读和分享传播，大胆创新阅读形式和阅读社区模式，会员人数达到 3 000 千万。

二、大力发展会员

许多民间阅读组织运营模式以会员制为主，积极探索适宜的多样化盈利模式，以人为本的服务理念逐渐增强。会员制的主要特色是为会员提供定制化服务，例如订阅期刊、借阅书籍、饮品打折、免费参与讲座沙龙等特色会员服务。知识服务是未来发展的方向，会员制会演化成许多其他形式的运营方式。为会员提供定制化、有针对性的阅读服务，比如对受众群体分兴趣主题进行讨论、举办沙龙、开展线上线下的活动、为书友提供阅读推广服务，这不仅符合阅读本身个性化的特点，也为人们提供了良好的阅读体验，还提高了书友们与阅读组织之间的粘性，对民间阅读组织的可持续发展有利。

三、与周边社区相融合

社区阅读逐渐成为民间阅读组织发展的新特点，民间阅读组织的阅读分享性特点为书友们提供了精神家园。不同思想和见解的交流，不仅能提高个人的独立思考能力和表达能力，还能开拓视野扩大社交范围。与周边社区相融合是民间阅读组织的发展趋势，其利用社区阅读以及构建的网络阅读社区为受众群体提供了良好的阅读环境和社交环境，线下书友会、各种主题沙龙

活动以及公益项目使更多人加入进来，为民间阅读组织增加了力量。比如后院读书会建立的线上线下社区阅读，换书大会、分享图书笔记等；第二书房开展的图书漂流活动、线上微课分小组讨论等。

四、走专业化发展的道路

民间阅读组织需要有丰富阅读经验和组织协调能力的领读者带领其成员围绕一个主题展开讨论和阅读。领读者对于民间阅读组织而言是其灵魂和核心。能否深入探讨和交流、能否将成员的思考及时进行梳理与引导、能否提高阅读交流和共享的质量，是民间阅读组织生存的基础和前提。以同道学园为例，其能成为民间阅读组织的典范，最重要的原因就是创始人赵聚对阅读组织的投入和以他为代表的管理层的稳定。赵聚自辞去杂志社的工作后，便以阅读推广和读书会研究为自己的使命，其长期研究积累起来的专业性保证了同道学园运作的稳定和持续。同道学园还建立了自我成长型领读人筛选机制：将自己管理层和读者中优秀的阅读者培养成民间阅读组织的领读人，带领成员一起阅读和探讨。

五、积极探索商业化运营机制

民间阅读组织面临的首要问题是经济来源。为了保持运转经费，不少北京民间阅读组织积极摸索其商业模式。商业性民间阅读组织的代表——浩途读书会的商业化运营模式是建立会员制。每位会员须缴纳一定的会费，用于专职人员工资、志愿者津贴、平台运营利维护等。新媒体的使用为民间阅读组织创造利润提供了条件。目前部分北京民间阅读组织的盈利方式主要有以下三种：一是广告收入。这是大部分公众号收入的主要来源。二是图书出版。主要有两种类型：第一种是有原创能力的公众号将自己平台上的文章结集出版，第二种是虽不具备原创能力但在尝试合作为粉丝出书。三是流量主收入。

微信、微博已成为日常的社交媒体，尤其是微信朋友圈已成为重要的社会化阅读阵地，促进了传播与交流。

目前广告收入是大多数民间阅读组织微信公众号的主要收入来源，也比较稳定。但由于广告以微信公众号粉丝为基础，如果加大广告投放就会失去部分粉丝的关注，如何既能保持粉丝的关注，又能增加广告收入，已经成为民间阅读组织运营者的主要矛盾。做软性广告植入，使广告与阅读内容相融合是一种可行的解决这一矛盾的办法。从单纯微信公众号运营发展成为具有一定规模的文化公司也是民间阅读组织微信公众号可以探讨的方向。此外，在微信上提供购买链接服务，也不失为一种可以尝试的盈利模式，比如民间阅读组织微信公众号将原创图书、特色产品放到大型电商平台上进行销售。

第三节 不足与展望

本书对北京民间阅读组织进行了较为系统的梳理和研究。但由于大量民间阅读组织散布在基层，其中有的民间阅读组织活动没有留下记录，有的民间阅读组织有意不让外界知晓，因此导致我们对北京民间阅读组织的整体情况掌握不够全面。特别是网络民间阅读组织发展迅速，其中有的民间阅读组织较小，活动较少，变化很快，所以抽样研究难以掌握全部网络民间阅读组织的概貌，存在对网络民间阅读组织研究不够充分的问题。对于本研究而言，田野调查只能采取抽样形式，扎根理论也还是初步的运用，不够科学熟练，这对研究成效也有所影响。民间阅读组织的发展时间较短，本书更多着力于现状梳理、类型分析、影响因素构建等基础性工作，而对深度挖掘、阅读效果的测评等问题尚未涉及。以上这些不足影响了本研究的深度和广度，有待在今后的相关研究中加以解决。

在"两个一百年"历史交汇期，北京正在全面贯彻落实习近平新时代中

国特色社会主义思想和习近平总书记对北京的重要讲话精神，按照"四个中心"城市战略定位和党的十九大提出的"坚持中国特色社会主义文化发展道路，激发全民族文化创新创造活力，建设社会主义文化强国"目标，传承中华优秀传统文化、弘扬革命文化、繁荣社会主义先进文化的历史担当，自觉肩负起推动全国文化发展的重任，不断朝着世界历史文化名城、世界文脉标志迈进。在此背景下，随着《全民阅读促进条例》的出台、社会组织的规范管理、党和政府对民间阅读组织的日益重视和培育，以及民间阅读组织和推广人的自身努力，民间阅读组织一定会在北京"全国文化中心"和"中国特色社会主义先进文化之都"的建设中发挥引领示范的重要作用。

参考文献

一、专著

[1] 奥斯本. 创造性想象 [M]. 盖莲香，王明利，译. 济南：山东人民出版社，1987.

[2] 宋林飞. 现代社会学 [M]. 上海：上海人民出版社，1987.

[3] 朱彝尊. 静志居诗话 [M]. 黄君坦，校点. 北京：人民文学出版社，1990.

[4] 刘少奇论教育 [M]. 北京：教育科学出版社，1998.

[5] 哈贝马斯. 公共领域的结构转型 [M]. 曹卫东等，译. 上海：学林出版社，1999.

[6] 李大钊. 李大钊全集 [M]. 石家庄：河北教育出版社，1999.

[7] 康纳顿. 社会如何记忆 [M]. 纳日碧力戈，译. 上海：上海人民出版社，2000.

[8] 何增科. 公民社会与第三部门导论 [M]. 北京：社会科学文献出版社，2000.

[9] 邱天助. 读书会专业手册 [M]. 中国台北：张老师文化事业股份有限公司，2001.

［10］托尔尼乌斯．沙龙的兴衰［M］．何兆武，译．北京：世界知识出版社，2003.

［11］陈向明．质的研究方法与社会科学研究［M］．北京：教育科学出版社，2006.

［12］福柯．规训与惩罚［M］．刘北成，杨远婴，译．北京：生活·读书·新知三联书店，2007.

［13］费希尔．阅读的历史［M］．李瑞林，译．北京：商务印书馆，2009.

［14］凯勒．战略品牌管理［M］．卢泰宏，吴水龙，译．北京：中国人民大学出版社，2009.

［15］官有垣，邱连枝．非营利组织资源募集策略变迁之研究：以台湾联合劝募组织为例［J］．中国非营利评论（5）．北京：社会科学文献出版，2010.

［16］邱小石．业余书店［M］．北京：中央编译出版社，2011.

［17］赵俊玲．阅读推广：理念·方法·案例［M］．北京：北京图书馆出版社，2013.

［18］薛可，余明阳．品牌学通论［M］．北京：高等教育出版社，2013.

［19］萨瓦斯．民营化与PPP模式：推动政府和社会资本合作［M］．周志忍，等译．北京：中国人民大学出版社，2015.

［20］JACOBSOHN R. The reading group handbook［M］. New York：Hyperion Books，1998：10.

［21］PEARLMAN M. What to read：the essential guide for reading group members and other book lovers（revised edition）［M］. London：Perennial，1999：3.

［22］SLEZAK E. The book group book：a thoughtful guide to form-ing and enjoying a stimulating book discussion group［M］. Chicago：Reviews Press，

2000：11.

［23］ HARTLEY J. The reading groups book ［M］. Oxford：Oxford U-
niversity Press，2001：5.

［24］OSBORNE S. Bloomsbury essential guide to reading group ［M］. London：
Bloomsbury Publishing PLC，2002：7.

［25］LONG E. Book clubs：women and the uses of reading in every-day life
［M］. Chicago：University Of Chicago Press，2003：7.

二、期刊论文

［1］吴天植. 由本馆读书会的组织谈到读书问题 ［J］. 学风，1936 （1）.

［2］陈挹芬. 抗战中读书会的建立和作用 ［J］. 五月特刊，1939 （9）.

［3］于光远. 怀念"读书会"，组织"读书会"［J］. 读书，1979 （7）.

［4］陈企霞. 也说说读书会 ［J］. 读书，1980 （7）.

［5］卢泰宏. "名牌"一词使用中的一体些问题 ［J］. 企业销售，1997
（12）：44.

［6］珀尔森. 瑞典的"学习圈" ［J］. 高淑婷，译. 中国远程教育，
2005 （2）.

［7］哈桑，霍姆伯格. 瑞典远程教育的发展与模式 ［J］. 高淑婷，译.
中国远程教育，2005 （2）：52-55.

［8］王子舟，马艳霞. 民间读书社的兴衰与新生 ［J］. 中国图书馆学
报，2006 （6）.

［9］珀尔森. 学习圈：瑞典社会民主的土壤 ［J］. 高淑婷，译. 中国改
革，2007 （4）.

［10］周宪. 重建阅读文化 ［J］. 学术月刊，2007 （5）.

［11］帕尔森. 瑞典的学习圈与非政府组织 ［J］. 李薇，译. 上海城市
管理职业技术学院学报，2007 （6）.

［12］练小川．数字时代的阅读［J］．出版科学，2009．（2）．

［13］周立黎．借鉴国外和我国港台地区经验建立和运营图书馆读书会［J］．图书馆论坛，2010（5）．

［14］黄晓燕．美国公共图书馆读书会对少儿阅读的影响［J］．图书馆学研究，2010（8）：83-88.

［15］高小军．发挥民间阅读组织在阅读推广中的作用［J］．公共图书馆，2011（1）．

［16］刘凤义．新自由主义、金融危机与资本主义模式的调整：美国模式、日本模式和瑞典模式的比较［J］．经济学家，2011（4）.

［17］谢梅英，沈丽英．用品牌意识统领读者阅读指导创新服务模式［J］．图书馆理论与实践，2011（12）.

［18］练小川．如何拯救实体书店？（下）［J］．出版参考，2011（24）．

［19］刘苏里．独立书店的生存与解决之道［J］．中国民营书业，2012（1）．

［20］聂震宁．阅读的好时代和坏时代［J］．出版广角，2012（6）．

［21］李宏巧．借鉴德国经验推广青少年阅读活动［J］．山东图书馆学刊，2012（6）：54-56.

［22］吕欢美．成人学习圈研究综述［J］．高等函授学报（哲学社会科学版），2012（9）.

［23］姚华．NGO与政府合作中的自主性何以可能?：以上海YMCA为个案［J］．社会学研究，2013（1）.

［24］刘娟．从节日仪式文化到营销：传播的仪式观视角下的天猫"双十一"狂欢购物节营销［J］．广告大观（理论版），2013（2）.

［25］吴高，韦楠华．我国高校图书馆阅读推广所存在的问题与对策［J］．图书情报工作，2013（3）.

［26］王名等．谈谈加快形成现代社会组织体制的问题［J］．社会，

2013（3）.

［27］吴高，韦楠华．我国高校图书馆阅读推广所存在的问题与对策
［J］．图书情报工作，2013（3）：47-51.

［28］吴晞．图书馆为什么要进行阅读推广［J］．公共图书馆，2013（4）.

［29］梁志敏．图书馆亲子阅读服务刍议［J］．图书馆学刊，2013（10）.

［30］许衍凤．全球最美 20 家书店生存之道的启示［J］．出版发行研
究，2013（12）.

［31］张秀兰，焦博红．我国全民阅读研究综述［J］．新世纪图书馆，
2013（11）.

［32］秦鸿．欧美图书馆读书会经验及其借鉴［J］．图书情报工作，
2013（12）.

［33］谯进华．民间阅读组织的发展、困境与行动策略：以阅读组织与公
共部门的关联度为中心［J］．公共图书馆，2014（2）.

［34］丁文祎．21 世纪中国公共图书馆阅读推广发展研究［J］．图书情
报研究，2014（2）.

［35］王达．德国促进阅读基金会的推广阅读实践［J］．山东图书馆学
刊，2014（4）.

［36］李芳．直接登记制后我国民间公益组织的行政监管问题［J］．齐
鲁学刊，2014（5）.

［37］吴惠茹．阅读推广视角下的高校图书馆读书会实践研究［J］．图
书与情报，2014（6）.

［38］吴惠茹．以读书会促进全民阅读探析［J］．国家图书馆学刊，
2014（6）.

［39］范并思．阅读推广的理论自觉［J］．国家图书馆学刊，2014（6）.

［40］范如霞．中国民间读书会的运作［C］．中国图书馆学会年会论文

集，2014.

[41] 杨婧．公共图书馆与民间公益儿童阅读组织合作模式探析［J］．图书馆工作与研究，2015（4）：99-101.

[42] 杨婧．公共图书馆与民间组织合作推广儿童阅读研究［J］．图书馆界，2015（1）.

[43] 曹桂平．我国高校图书馆读书会现状与发展对策探讨［J］．图书情报工作，2015（2）.

[44] 石继华．国外阅读推广的品牌化运作及启示［J］．图书情报工作，2015（2）：56-60.

[45] 赵俊玲．国内外读书会研究现状及展望［J］．图书情报研究，2015（3）.

[46] 周田田．美国读书会发展历史探究图书情报研究［J］．图书情报研究，2015（3）.

[47] 向剑勤．台湾地区读书会发展演变及其趋势［J］．图书馆杂志，2015（4）.

[48] 杨婧．公共图书馆与民间公益儿童阅读组织合作模式探析［J］．图书馆工作与研究，2015（4）.

[49] 胡鹏．"北京阅读季"的经验与启示［J］．人民论坛，2015（4）.

[50] 黄燕妮．借鉴单向街经验开展公共图书馆沙龙活动［J］．河南图书馆学刊，2015（10）.

[51] 姜淼．基于高校读书会的阅读推广实践研究［J］．现代盐化工，2016（1）.

[52] 陈含章．转型中的实体书店发展现状、问题与建议［J］．出版发行研究，2016（3）.

[53] 阮健英．珠三角地区民间读书会现状与发展策略探讨［J］．图书

馆理论与实践, 2016 (3): 75-79.

[54] 向剑勤. 读书会的演进及其功能探析 [J]. 图书情报工作, 2016 (5).

[55] 秦鸿. 欧美图书馆读书会经验及其借鉴 [J]. 图书情报工作, 2016 (6).

[56] 万春珍. 国内高校读书会发展策略研究 [J]. 新世纪图书馆, 2016 (7).

[57] 周立黎. 借鉴国外和我国港台地区经验建立和运营图书馆读书会 [J]. 图书馆论坛, 2016 (10).

[58] 周宪. 从"沉浸式"到"浏览式"阅读的转向 [J]. 中国社会科学, 2016 (11).

[59] 董丽娟, 崔凌洁, 花友萍. 我国民间阅读组织的生存与发展研究 [J]. 图书馆理论与实践, 2017 (1).

[60] 王晓燕. 香港公共图书馆读书会运营策略及启示 [J]. 图书馆界, 2017 (2).

[61] 向剑勤. 浙江省读书会发展现状调查研究 [J]. 图书馆研究, 2017 (2).

[62] 王子舟. 我国公共阅读空间的兴起与发展 [J]. 图书情报知识, 2017 (2).

[63] 樊宪雷. 革命时期的读书会 [J]. 党的文献, 2017 (3).

[64] 陈伟华. 公共图书馆促进民间阅读组织发展的研究与思考 [J]. 四川图书馆学报, 2017 (4).

[65] 董丽娟, 崔凌洁, 花友萍. 我国民间阅读组织的生存与发展研究 [J]. 图书馆理论与实践, 2017 (01): 91-95.

[66] 白山丹. 浅析我国高校图书馆读书会现状与发展 [J]. 科技资讯, 2017 (27).

［67］胡百精，杨奕．公共传播研究的基本问题与传播学范式创新［J］．国际新闻界，2018（3）．

［68］司新丽．公共文化传播空间的构建：以民营实体书店转型发展为例［J］．国际新闻界，2018（5）．

［69］吴育冰，彭燕虹，李雪．我国儿童阅读推广民间组织的志愿者管理研究［J］．图书与情报，2018（3）：121-127.

［70］罗赟．非营利组织在德国阅读推广中的作用研究：以德国促进阅读基金会为例［J］．出版发行研究，2018（7）．

［71］凌冬梅．民国读书会史料的构成、分布与搜集探析［J］．图书馆建设，2019（1）．

［72］陈书梅．全民阅读背景下民间阅读组织发展策略研究［J］．河北科技图苑，2019（3）．

［73］沈翠婷．民间阅读组织参与公共图书馆阅读推广实践：以广州图书馆为例［J］．河北科技图苑，2019（4）．

［74］石恢．民间阅读组织与书香城市建设［J］．科技与出版，2019（8）．

［75］陈书梅，陈刚，张联民．新媒介环境下民间阅读组织阅读推广策略研究［J］．江苏科技信，2019（17）．

［76］SCHARBER C. Online book clubs：bridges between old and new literacy and practices［J］．Journal of Adolecent and Adult Literacy，2009（2）：433-437.

［77］CASSANDRA M. Online book clubs for preteens and teens［J］．Library Review，2009（3）：176-195.

［78］WALWYN O，ROWLEY J. The value of therapeutic reading groups oganized by Pub-libraries［J］．Library & Information Science Research，2011（4）：302-312.

三、报纸文章

[1]《城市文化北京宣言》发表［N］.中国经济时报，2007-06-12（12）.

[2] 修武.奥普拉的读书俱乐部［N］.青年参考，2011-06-10（39）.

[3] 书评周刊·书香地图·社区书店.阅读邻居［N］.新京报，2012-06-09（C06）.

[4] 散木.鲜为人知的"鏖尔读书会"［N］.北京日报，2012-06-11（20）.

[5] 潘若濛.阅读是城市发展的"动力源"［N］.深圳特区报，2012-11-02（A07）.

[6] 子萱.海外实体书店的生存之道［N］.中国文化报，2012-12-01（4）.

[7] 张妮.民间读书会：温暖城市鼓舞人心［N］.中国文化报，2013-11-29（8）.

[8] 赵翊君.走，一起去赶读书会［N］.中国青年报，2014-01-07（9）.

[9] 苏妮.深圳首届民间阅读组织会议：让阅读成为生活方式［N］.南方日报，2015-04-23（8）.

[10] 张焱，韩畅.读书会兴起：阅读从个体空间延伸到公共文化空间［N］.光明日报，2015-04-23（12）.

[11] 刘志伟.读书会：来自民间的阅读推广力量［N］.中国出版传媒商报，2015-5-12（7）.

[12] 知更社区执笔，解慧整理.民间读书会生态调查［N］.中国出版传媒商报，2016-04-22（26）.

[13] 仲敏，仲永，杨静，钱鸣.读书之味 愈久愈浓［N］.南京晨报，2016-07-14（7）.

[14] 李佩森.如何健全文化类 PPP 评估体系［N］.中国文化报，2016-08-06（4）.

[15] 徐宁.基层文化"供给侧"崛起新动力"南书房"等一批民间阅

读组织加盟"政府采购"［N］.新华日报，2017-04-14（8）.

［16］胡克非.民间读书会：助力全民阅读［N］.中国文化报，2017-4-21（8）.

［17］倪伟.引入社会机构"阅读空间"遍地开花［N］.新京报，2018-04-25（8）.

［18］严圣禾，党文婷.深圳：引领全民阅读由浅入深［N］.光明日报：2019-07-19（9）.

［19］孙金行.2019年"阅读北京"年度盛典隆重举行［N］.光明日报，2019-11-22（4）.

四、网络文献

［1］您好，这是我的新名片：世界文学之都！［EB/OL］.［2021-02-28］https：//m.thepaper.cn/baijiahao_ 4850268.

［2］Nationaleducation associotion. NEA［EB/OL］.［2019-01-02］. http：//www. nea. org. /grants/886. htm. Reading Agency. Summer reading challenge［EB/OL］.［2019-01-02］. http：//readingagency. Org. uk/.

［3］阅读季·北京阅读平台［EB/OL］.［2019-06-02］. http：//www. Bjydj. net/.［04］National Education Associotion. NEA［EB/OL］.［2019-01-02］. https：//www. nea. org/.

［4］2018合作机构案例一起悦读俱乐部：注重跨界联合［EB/OL］.［2019-06-15］. https：//mp. weixin. qq. com/s/wkzRIz_ YAv1punzSFqw0uQ.

［5］邱天助.国内外读书会的传统与理念之探讨［EB/OL］.［2021-01-10］. http：//www. docin. com/p-432517555. html.

［6］组织读书会的指南［EB/OL］.［2021-02-13］. http：//www. booktrust. org. uk/usr/library/documents/bookbite - languages - how - to/12541_ bookbite_ 03-readinggroup_ mandarin_ qc_ prpdf.

［7］邱天助．什么是读书会［EB/OL］．［2021－02－12］．http：//www. douban. com/group/topic/37426571/.

［8］北京居民阅读总指数：大幅提高专家学者支招阅读生活化［2021－3－13］https：//www. sohu. com/a/437281379_ 123753.

［9］A national public library development program for reading groups［EB/OL］．［2019－07－21］．http//readingagency. org. uk/about/Prog ramme_ for_ reading_ groups. pdf.

［10］北京居民阅读总指数大幅提高 专家学者支招阅读生活化［EB/OL］．［2021－3－13］https：//www. sohu. com/a/437281379_ 123753.

五、硕博论文

［1］陈柏年．女性读书会领导人学习与成长经验之研究［D］．台北：国立政治大学，2001.

［2］游淑静．读书会召集人领导功能之研究［D］．台北：政治大学，2002.

［3］许欢．民国时期大众阅读研究［D］．北京：北京大学，2006.

［4］郭嘉．瑞典学习圈研究［D］．开封：河南大学，2008.

［5］季晓芬．团队沟通对团队知识共享的作用机制研究［D］．杭州：浙江大学，2008.

［6］郑雪瑶．从哥伦比亚大学到圣约翰学院：美国名著阅读运动研究（1919—1937）［D］．北京：北京师范大学，2012.

［7］周田田．面向儿童的民间公益阅读推广组织研究［D］．保定：河北大学，2013.

［8］李蕊．民国时期读书会研究［D］．保定：河北大学，2015.

［9］韩丽．民间阅读组织相关政策文本研究［D］．保定：河北大学，2016.